CB064260

CA
JA
DOS

PATRÍCIA CÂNDIDO

CAJADOS

DESCUBRA SEU DOM OCULTO

Luz da Serra
EDITORA

3ª edição - Nova Petrópolis/RS - 2020

Capa: Marina Avila

Edição: Luana Aquino

Imagens e ícones do miolo: Freepik

Dados Internacionais de Catalogação na Publicação (CIP)

C217c   Cândido, Patrícia.
Cajados: descubra seu dom oculto / Patrícia Cândido. – 3. ed. –
Nova Petrópolis: Luz da Serra, 2020.
168 p. ; 23 cm.

ISBN 978-85-64463-69-1

1. Autoajuda. 2. Evolução. 3. Autoconhecimento. 4. Pensamento. 5. Alma. 6. Espiritualidade. 7. Consciência espiritual. 8. Felicidade. 9. Desenvolvimento pessoal. I. Título.

CDU 159.947
CDD 158.1

Índice para catálogo sistemático:
1. Autoajuda   159.947
(Bibliotecária responsável: Sabrina Leal Araujo – CRB 8/10213)

Todos os direitos reservados. Nenhuma parte desta obra pode ser reproduzida ou transmitida por qualquer forma e/ou quaisquer meios (eletrônico ou mecânico, incluindo fotocópia e gravação) ou arquivada em qualquer sistema ou banco de dados sem permissão escrita da Editora.

Luz da Serra Editora Ltda.

Avenida 15 de novembro, 785
Bairro Centro
Nova Petrópolis / RS
CEP 95150-000
editora@luzdaserra.com.br
www.luzdaserra.com.br
www.luzdaserraeditora.com.br
Fone: (54) 3281-4399 / (54) 99113-7657

DEDICATÓRIA

Dedico esta obra aos Grandes Mestres
da Humanidade que me inspiram todos os dias
a seguir no caminho do bem, me afastando
da ilusão e me mostrando o que é verdadeiro.

AGRADECIMENTOS

Agradeço a todas as almas
que já cruzaram meu caminho,
por todos os ensinamentos
que delas recebi.

INFORMAÇÕES IMPORTANTES

Neste livro você vai descobrir quais são os perigos de viver fora da missão do seu cajado: a grande obra que você veio realizar neste mundo; e como reencontrar o caminho da sua verdadeira vocação nesta vida.

Contudo, o conteúdo desta obra não esgota o assunto sobre missão de alma e não anula qualquer outro estudo ou constatação sobre essas áreas de interesse.

Todas as informações contidas aqui podem ser utilizadas de maneira complementar a terapias e outros materiais de desenvolvimento pessoal.

A proposta deste livro não é semear discussões de ordem técnica, tampouco defender quaisquer teses científicas. Trata-se apenas de uma tentativa bem-intencionada no sentido de estimular as pessoas a buscarem autoconhecimento, para que possam desfrutar de uma vida plena e harmoniosa, encontrando a sua verdadeira vocação para desempenhar seu papel e encontrar seu verdadeiro lugar no mundo.

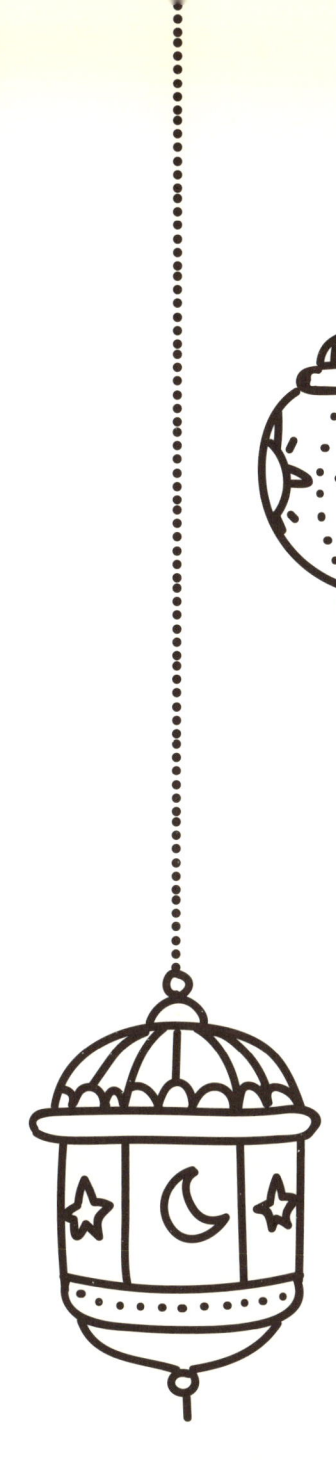

SUMÁRIO

O momento da revelação 21

Você sabe o que veio
fazer aqui na Terra? 26

Os perigos de não
conhecer o seu cajado 37

Os "nãos"
que você não disse 49

A simbologia
ao longo da história 63

Os oito cajados:
descubra qual é o seu 71

O Cajado da Inspiração 75
O Cajado da Transformação 83
O Cajado da Cura 91
O Cajado da Canalização 101
O Cajado da Revolução 109
O Cajado da Revelação 119
O Cajado da Alegria 127
O Cajado da Purificação 137

A dica definitiva para
você encontrar o seu cajado 149

Faça a diferença:
o mundo precisa de você! 155

Perguntas e respostas 160

Sobre a autora 165

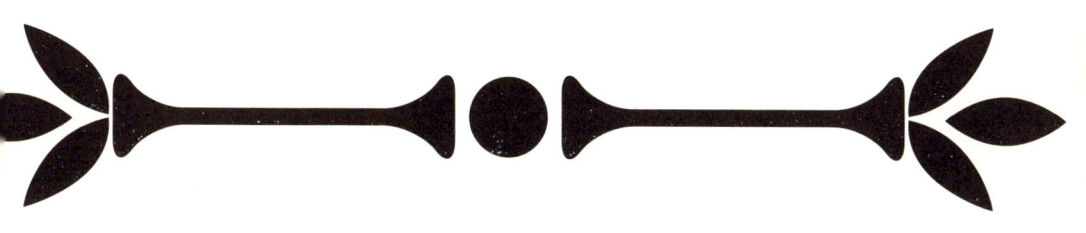

Para eu saber se você conseguiu identificar o seu cajado, compartilhe os seus resultados usando a *hashtag* **#Cajados** nas redes sociais.

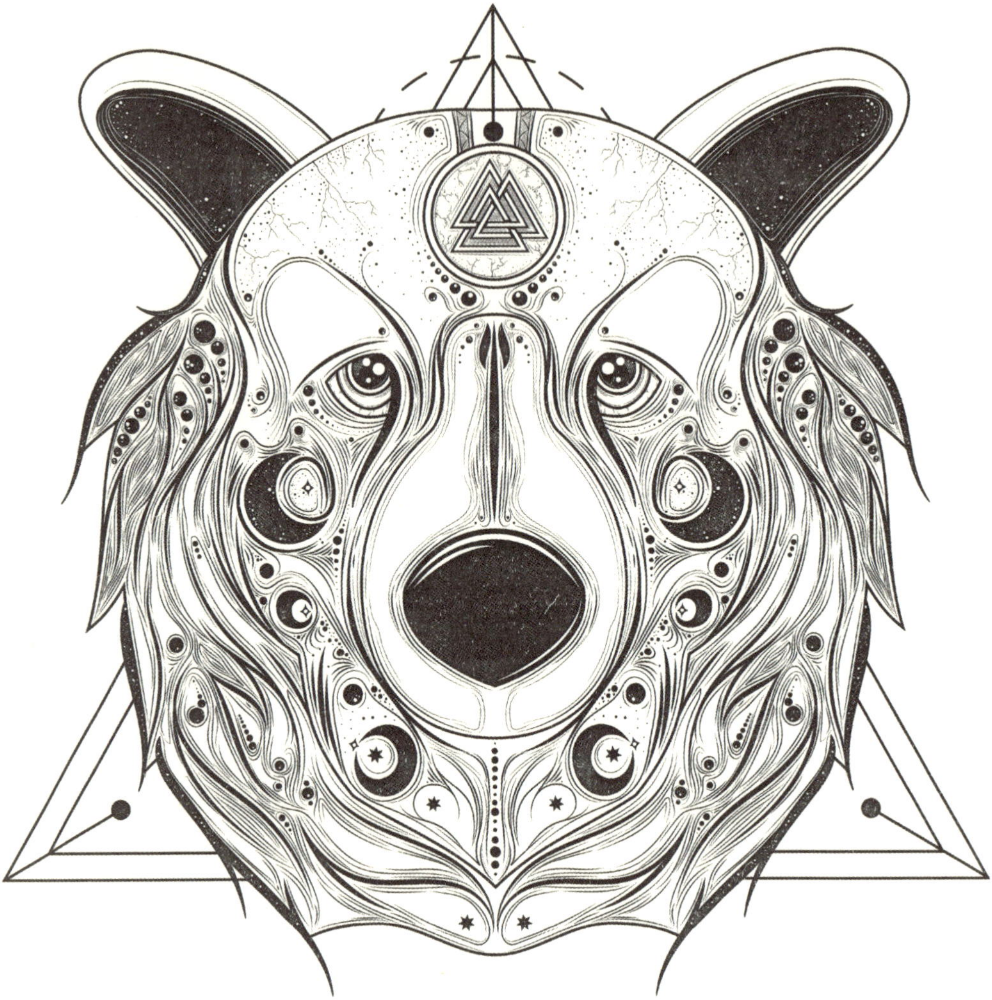

O MOMENTO DA REVELAÇÃO

MESMO QUE EM NOSSOS MOMENTOS DESAFIADORES de baixa autoestima nos consideremos pequenos ou sem importância, cada um de nós é muito especial e se encaixa perfeitamente na engrenagem do universo.

Cada um de nós tem uma missão grandiosa e especial, e isso nada tem a ver com fama, dinheiro, sucesso, ostentação ou beleza física. Mas tem a ver sim com a tranquilidade de, no último dia de nossa encarnação aqui na Terra, sentirmos o alívio de quem cumpriu sua missão e conquistou uma nota satisfatória no teste da vida.

Como escritora, eu tenho a característica de amadurecer os temas com muito cuidado antes de publicá-los. Não existe certo ou errado, mas este é o meu jeito: primeiro preciso compreender, maturar, gestar, fazer reflexões profundas que duram anos para depois levar a público. Afinal de contas, um escritor tem muita responsabilidade, pois transmite conhecimento e ideias.

Pelo amor e respeito que tenho pelos meus leitores, **espero a passagem de algumas primaveras, ciclos e estações para que tudo se assente, se sedimente, aí sim é hora de compartilhar**. Acho que é coisa de filósofo mesmo...

Em setembro de 2015, eu precisava montar uma palestra para um Congresso de Fitoenergética e já estava aflita pois parecia que não vinha a inspiração para o tema.

Como o congresso se aproximava e não gosto de deixar as coisas para a última hora, montei uma palestra "nota 6", e algo estava me inquietando porque não parecia que aquele era o tema adequado para o público que viria.

Foi então que em uma certa noite tive uma **projeção astral**[1] na qual os mestres espirituais me mostraram um treinamento sobre **os oito cajados da humanidade**.

---

[1] Este fenômeno acontece quando a pessoa projeta a sua consciência para fora do corpo físico. Dependendo da doutrina ou corrente de pensamento, essa experiência tem recebido diversas nomenclaturas: Viagem Astral (Esoterismo), Projeção Astral (Teosofia), Experiência Fora do Corpo (Parapsicologia), Desdobramento, Desprendimento Espiritual ou Emancipação da Alma (Espiritismo), Viagem da Alma (Eckancar), Projeção do Corpo Psíquico ou Emocional (Rosacruz), Projeção da Consciência (Projeciologia), etc.

Quando acordei aos sobressaltos, corri para anotar todas as informações que eu havia capturado, pois com certeza esse era o tema da palestra que eu deveria apresentar no evento.

Tudo o que foi revelado pelos mestres naquela noite você conhecerá ao longo destas páginas.

Eu lembro que uma grande alegria tomou conta de mim, como acontece sempre que um novo trabalho se apresenta, o que é incrível, até porque o período de angústia que antecede essa revelação é muito incômodo.

A sensação é de um céu escuro que se prepara para uma tempestade. O ar fica pesado e tenso até que a chuva comece a cair e depois venha o frescor e a limpeza que só a água é capaz de nos trazer.

Cajado é um termo metafórico utilizado nesta obra para expressar **a nossa missão de alma**. A seguir você vai descobrir quais são os oito cajados, **arquétipos que vêm à Terra** para trazer à humanidade conhecimentos específicos em diferentes áreas.

VOCÊ SABE O QUE VEIO FAZER AQUI NA TERRA?

QUEM É ENGAJADO NA BUSCA DA SUA MISSÃO está atento em produzir melhorias para o nosso mundo: este planeta pequenininho inserido na vastidão do universo, onde tentamos compreender qual é a razão da nossa existência e do que estamos fazendo aqui.

Qual é a nossa missão na Terra?

O que estamos buscando?

Por que estamos vivendo uma experiência material?

Acredito que essas sejam as grandes questões existenciais do ser humano e são as perguntas que mais aparecem nas nossas interações com alunos, pesquisas, sites e grupos virtuais.

Quantas pessoas gostariam de saber qual é a sua missão e não têm a menor ideia do que estão fazendo com as suas vidas? Quantos seres respondem equivocadamente sobre o objetivo da sua missão?

Muitos dizem que é cuidar dos filhos, construir uma casa, cuidar de crianças carentes ou concluir uma graduação. Já outros confundem missão com trabalho, com maternidade, paternidade, ou aquisição de bens materiais.

E se eu lhe disser que missão vai muito além disso, e é muito maior do que qualquer coisa que estejamos fazendo nesta vida apenas?

Pois é justamente sobre isso que esta obra vai falar: qual é o seu cajado e por qual motivo você está vivo! Qual é a sua bandeira? Que ideia você veio defender aqui no nosso planeta?

E eu espero sinceramente que até o final deste livro você descubra qual é o seu cajado, encontre-o e tome posse dele para finalmente sorrir diante do sentido da sua existência.

Existem dois tipos de pessoas: as que ajudam no trabalho da criação divina e aquelas que dão trabalho para o Universo. Quem é você? Descobrindo seu cajado, você se encontra o seu propósito de vida e para de dar trabalho para a Fonte Criadora, contribuindo na construção de um mundo melhor.

Você pode pensar que não conhecer sua missão não é um problema, já que a sua vida está "boazinha", você trabalha, paga suas contas, não faz mal a ninguém, assiste a suas séries e tem internet em casa. Em outra palavras, você vive feliz e pleno no seu sofá.

Pois fique sabendo que esse é o maior problema de todos!

As pessoas que nem desconfiam de sua missão normalmente são aquelas do tipo "espectadoras", que vão simplesmente tocando a vida, empurrando com a barriga e vivendo por viver, de preferência com muitas doses de ansiolíticos, psicotrópicos e antidepressivos para que não tenha nenhuma percepção da realidade onde está inserida. São adeptas do "está bom assim", "não preciso saber qual é a minha missão" ou então "isso é bobagem"... Pessoas assim navegam pela vida como um barco sem rumo no oceano, sem nenhum propósito.

Gosto muito do diálogo entre o gato de Cheshire e Alice na minha fábula preferida, Alice no País das Maravilhas:

Alice perguntou: – Gato de Cheshire, pode me dizer qual o caminho que eu devo tomar?

Isso depende muito do lugar para onde você quer ir – disse o Gato.

Eu não sei para onde ir! – disse Alice.

– Se você não sabe para onde ir, qualquer caminho serve.

Se você não tem noção de onde quer chegar e muito menos da essência da missão da sua alma, você pega qualquer caminho ruim e se conforma, acreditando que a vida ou o destino são assim mesmo.

Porém, a vida e o destino dependem das nossas ações diárias, são resultados de tomadas de decisões. Se conformar é estar dentro de uma fôrma. Se a fôrma da sociedade ou da família é quadrada, você se encaixa nesse formato, e assim sucessivamente seu grito de liberdade vai ficando trancado dentro de você.

Quando se dá conta, muitos anos se passaram enquanto você vivia ali, preso a situações e pessoas que talvez você nem quisesse ter por perto.

Muitas vezes seguimos os padrões da família, da sociedade, da moda ou das culturas onde estamos inseridos e deixamos a nossa essência de lado. Nos moldamos à vontade alheia e não percebemos que estamos presos a um *looping* extremamente estressante que envolve trabalho, casa, filho, escola, faculdade.

A rotina massacrante esvazia nossos dias, como se a vida estivesse conectada com a "matrix". Assim, sem perceber, ficamos presos a uma teia de atividades que consomem a nossa energia, fazendo as coisas repetidamente, sempre do mesmo jeito: **eis o famoso piloto-automático.**

Você acorda e vai deitar todos os dias. E muitas vezes o recheio entre o "acorda" e "vai deitar" é apenas preenchido pelos desejos dos outros, e **você acaba se tornando um robô da sociedade, sem sentir os prazeres reais da vida de quem está conectado à sua essência espiritual.**

Saiba que é lá na essência espiritual que mora o chamado da missão, é no silêncio do seu coração que brota a semente da grande flor de lótus onde está registrada a sua missão, aquilo que você veio fazer aqui na Terra. Cada um de nós tem uma espécie de arquétipo, configuração, **personalidade que aponta para uma determinada direção.**

Assim como os sete raios cósmicos da manifestação que regem vida na Terra e seus departamentos, existem os oito Cajados, com objetivos específicos, e com certeza você veio defender um desses assuntos.

Quem não conhece o seu tema principal, a sua origem, aquilo que veio defender aqui na Terra, se torna um barco sem direção, vive a vida por viver e desperdiça uma encarnação inteira.

Dá muito trabalho para o plano espiritual manter todos nós aqui neste planeta. Entenda que sustentar uma pessoa viva e com saúde exige o emprego de muitas forças, além de uma grande responsabilidade.

Quando essa rara oportunidade nos é dada, precisamos aproveitá-la muito bem para nos desenvolver, evoluir, crescer, pensar fora da caixa e libertar nosso espírito. Só assim é possível viver experiências em níveis mais avançados.

Se nos encontramos encarnados aqui na Terra, temos condições de alçar voos muito altos na espiritualidade. **Essa oportunidade é muito rara, e nos é dada com amor, para que possamos aproveitá-la.**

Claro que existe o livre-arbítrio e você pode ou não aproveitar. Inclusive, se quiser jogar a sua vida fora, é você quem escolhe.

Todas as nossas escolhas têm consequências e caso você opte em não viver a sua missão, o sofrimento será inevitável.

Raramente alguém deseja o sofrimento. A maioria das pessoas quer ser feliz, fazer o que gosta, ter saúde e uma vida boa perto das pessoas que amam. Dificilmente alguém escolhe sofrer conscientemente.

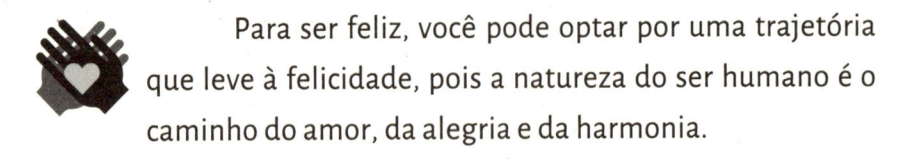

Para ser feliz, você pode optar por uma trajetória que leve à felicidade, pois a natureza do ser humano é o caminho do amor, da alegria e da harmonia.

Só que às vezes optamos pela estrada do sofrimento em função das nossas emoções mal resolvidas, dos problemas que carregamos e que não sabemos como resolver, porque não fomos treinados para lidar com eles.

É muito raro alguém nos ensinar a lidar com o nosso lado emocional desde pequenos, salvo alguns casos em que os pais são preocupados com isso. Porém, a maioria de nós é simplesmente jogada na vida, e muitos pais por aí acreditam que se seus filhos comerem, estudarem e tiverem segurança já está bom.

Mas e quando os pais não sabem lidar nem com suas próprias emoções? Será que eles têm preparo para lidar com as emoções dos filhos?

Se nós fôssemos treinados desde crianças a ter fortalecimento emocional, a entender que raiva, medo, mágoa e tristeza são emoções tóxicas, nocivas e precisam ser tratadas e transmutadas, **o mundo seria um lugar bem melhor.**

Encontrar a nossa missão é fundamental para o caminho da nossa felicidade e para passarmos pela vida de uma forma leve, chegando ao ápice da nossa realização pessoal. Por isso, é tão importante descobrirmos o nosso cajado.

E é por essa razão que esta obra foi escrita, porque se você souber onde quer chegar, pode desenhar esse caminho de uma maneira mais suave. Então, terá condições de navegar, deslizar por ele, e não ser arrastado pela correnteza do universo.

A Fonte Criadora tem leis naturais que nos empurram para a evolução, como um rio muito turbulento, com correnteza forte, que é um fluxo de energia. Você pode optar por construir um barco e navegar por essa correnteza, no sentido favorável a ela, ou você pode querer nadar contra o universo, contra a correnteza natural.

Quando vamos contra as leis naturais, fica mais difícil de progredir na vida. É muito melhor seguirmos um fluxo, uma corrente, do que tentarmos ir contra ela.

A correnteza natural do ser humano flui na direção do amor, alegria, fluidez, felicidade, prosperidade, harmonia, prazer, criatividade: ESSE É O NOSSO CAMINHO.

Cada vez que sentimos emoções inferiores como medo, mágoa, ódio, rancor, tristeza, angústia, ansiedade, pessimismo, estamos nadando contra a nossa correnteza natural, e é aí que o sofrimento vem.

Imagine uma pessoa numa canoa, navegando a favor da correnteza: ela não tem sofrimento algum.

Já uma pessoa que está contra o fluxo natural, começa a se debater, tenta se segurar nas margens do rio, gasta muita energia, fica desesperadamente batendo as pernas, os braços, tenta respirar e não consegue, e vive numa situação de desespero.

Utilizo essa metáfora para você entender que existem duas possibilidades: **o caminho do amor e o caminho da dor**.

Quando nós escolhemos pelas emoções nocivas, optamos pelo caminho da dor, desequilibrando todo o nosso sistema orgânico. Nesse momento, que o nosso corpo começa a agir contra nós mesmos, criando a doença.

Ao embarcarmos na canoa da fluidez e da alegria, decidimos perdoar as pessoas e escolhemos o caminho do amor – que é o que os Grandes Mestres faziam tão bem.

Dessa forma, conquistamos saúde, porque as nossas células estão dentro do melhor ambiente para que sejam saudáveis.

No momento em que nos esforçamos demais para viver uma vida que não é condizente com a nossa natureza, **gastamos muita energia com isso, desvitalizamos o nosso corpo, os nossos chacras**[1] **e, então, a doença vem.**

Diagram of chakras on a seated female figure with labels:
- CORONÁRIO
- FRONTAL
- LARÍNGEO
- CARDÍACO
- UMBILICAL
- SACRO
- BÁSICO

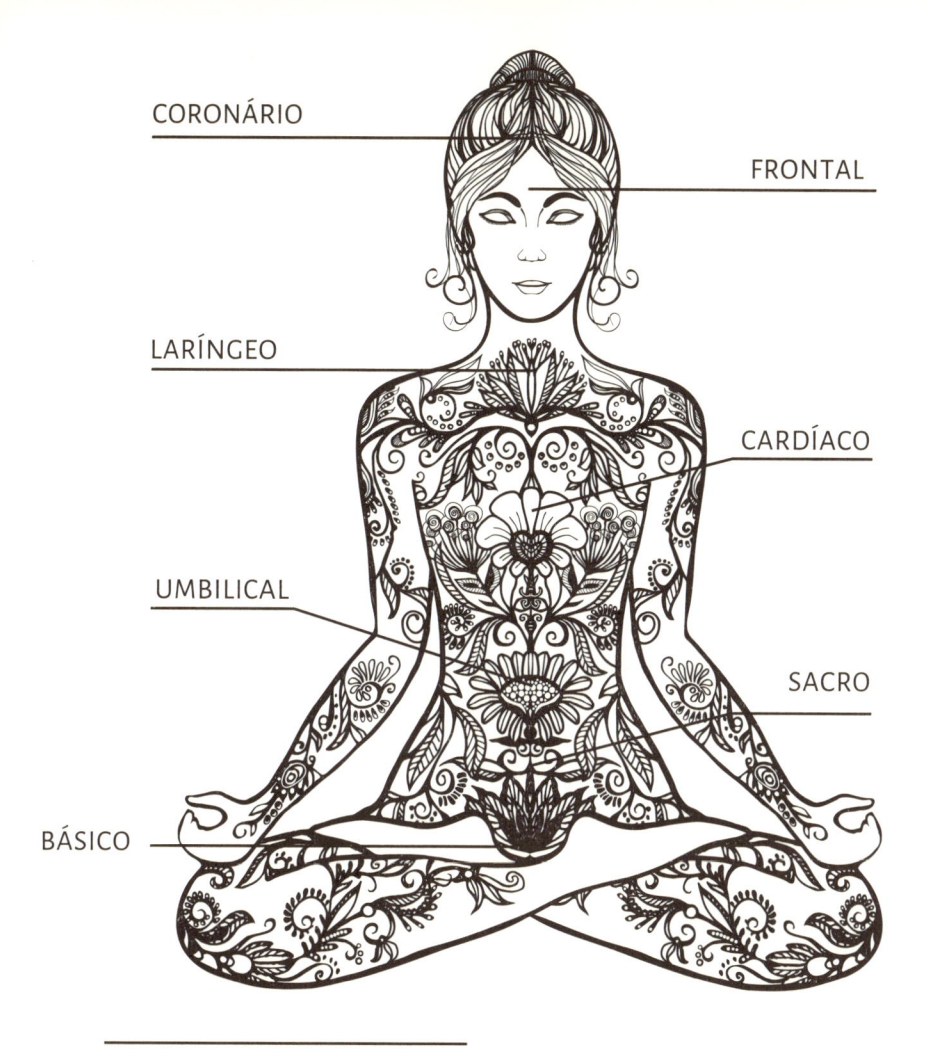

¹ **OS CHACRAS OU CHAKRAS** são centros de energia do nosso corpo que vibram constantemente em forma de círculo (chakra = roda, em sânscrito). Os principais chacras são, de baixo para cima: *1º) Básico, 2º) Sacro, 3º) Umbilical, 4º) Cardíaco, 5º) Laríngeo, 6º) Frontal e 7º) Coronário*.

Todos eles estão associados ao sistema endócrino do corpo humano. Cada um desses vórtices energéticos está associado a uma glândula específica, cuida de um setor de nossa vida e dos desafios que temos de superar.

Quer saber mais? Leia "Código da Alma" (Patrícia Cândido – Luz da Serra Editora) que apresenta um estudo detalhado sobre cada um dos sete chacras.

As emoções inferiores como medo, mágoa, raiva, tristeza, ressentimento, angústia e tantas outras existem para nos servirem como recursos de alerta, como um sinal ao corpo de que algo não está indo bem.

Elas existem como um aviso apenas, e quando as sentimos por um período longo, todo o nosso sistema fica danificado. Emoções negativas tornam o nosso corpo ácido, colocando nossas células em um ambiente hostil que em nada colabora para a nossa saúde.

E é por todos esses motivos que encontrar e realizar a sua missão é tão importante.

Muitas vezes falamos sobre a nossa missão com um amigo ou familiar e a pessoa nem dá tanta importância. Ela diz: "Ah, para quê saber a missão?", "Isso aí não tem sentido" ou "O que importa é curtir a vida, aproveitar enquanto dá".

Elas podem até dizer isso de forma superficial, mas quando traduzimos de uma forma mais didática e profunda, como você verá ao longo deste livro, todos costumam concordar com a importância de conhecer bem o seu cajado.

OS PERIGOS DE NÃO CONHECER O SEU CAJADO

ATUALMENTE VIVEMOS EM UM MUNDO CONTURBADO e violento, imersos em problemas. Na maior parte do tempo, sentimos mais emoções inferiores do que prazer em estarmos vivos.

A maioria de nós nada contra a correnteza universal, sofrendo dores terríveis, em um cotidiano exaustivo e cheio de desafios complicados para resolver. Raramente existe alguém isento de problemas!

Algumas pessoas podem passar essa impressão nas redes sociais, mas todos nós, em nosso íntimo, temos desafios nos cutucando. Sem eles, a vida não teria muito sentido. Afinal de contas, todos nós estamos em processo de evolução, e é através das dificuldades que crescemos e nos tornamos mais fortes, resilientes e experientes.

Somos como os equilibristas que se apresentam em circos, tentando equilibrar todos os pratos de uma vez para mantê-los girando sobre os tacos. E esses pratos são as áreas da nossa vida: relacionamentos, família, finanças, profissão, saúde, intelecto, vida social, espírito, metas, legado, propósito, entre outros.

Nós tentamos mantê-los girando o tempo todo para que esteja tudo perfeito, e isso nem sempre é possível, porque normalmente há um prato em desequilíbrio que necessita de mais atenção.

Quando você descobre o seu cajado e anda na direção do rumo da sua alma, essas dores vão desaparecendo, e a necessidade de que seja tudo perfeito também. Quando encontramos o caminho certo, tudo renasce e floresce.

Quando vou escrever e criar um novo conteúdo, fico atenta ao que as pessoas estão enfrentando, quais são suas batalhas, o que estão vivendo, o que lhes tira o sono, e algumas dores se destacam muito entre nossos milhões de seguidores e alunos:

1. A campeã de audiência é a falta de prosperidade.

É o desafio principal! E os problemas financeiros ocorrem, na maioria das vezes, porque não compreendemos que prosperidade é um fluxo. A abundância ou a falta dela está perfeitamente alinhada com aquilo que se passa dentro de nós.

Quando temos uma mente escassa, atraímos escassez para a nossa vida. Se pelo contrário, temos uma mente abundante, atrairemos abundância para a nossa vida.

A prosperidade é muito vinculada aos nossos sentimentos e pensamentos, e a quantidade disponível de amor que temos para retribuir ao universo.

As pessoas muito tristes, rancorosas, magoadas, chateadas, dificilmente têm prosperidade, e a falta de dinheiro só revela que várias áreas da sua vida estão em desequilíbrio.

Ao encontrarmos nosso cajado, começamos a praticar a gratidão em vez de reclamar. Quando desenvolvemos amor pelo que a vida nos proporcionou, a prosperidade flui em nosso caminho.

2. O segundo problema mais recorrente é a depressão, a tristeza e o vazio da alma.

Normalmente, eles se manifestam quando não temos ideia da nossa missão e propósito nesta existência. Pessoas deprimidas não veem sentido na vida porque desconhecem o seu cajado, então se sentem tristes e vazias. Parece que nada tem razão de ser.

Quantas pessoas já se suicidaram por não encontrarem um propósito para suas vidas? Muitas se sentem fracas, inúteis, e eu garanto pra você com toda a minha experiência na área de desenvolvimento pessoal: **todos nós temos um potencial muito grande de transformação e de crescimento**.

Muitos que se acham fracos têm potencial para se tornar um Gandhi, uma Madre Teresa, um Chico Xavier... Essas pessoas possuem todas as condições (E a maioria tem mais oportunidades do que eles tiveram), mas não acreditam em si, pois lhes falta autoestima. Em alguns casos, necessitam de uma rede de apoio, com pessoas capacitadas para ajudá-las. Às vezes, falta apenas um *insight* que lhes traga sentido e motivação.

Lembre-se sempre que é a sua energia espiritual, mental, emocional e física que dita o estilo de vida que você tem e tudo aquilo que você vai produzir e emanar para o universo. A depressão é uma doença catalogada pela medicina oficial, que descreve o deprimido como alguém que possui disfunções químicas no cérebro, portanto é uma doença, **mas isso pode ser mudado e transformado quando a nossa energia entra em equilíbrio**.

A depressão vai embora quando o nosso próprio corpo se torna capaz de produzir os elementos químicos que lhe faltam, pois ele tem condições de gerar tudo o que é necessário para manter a nossa saúde; inclusive órgãos que estão funcionando aquém da sua capacidade podem voltar a funcionar normalmente.

Ter ou não saúde é uma questão de vibração. Nesses 16 anos atuando como profissional de terapia, já vi muitas coisas incríveis acontecerem: **recuperações, remissões, curas milagrosas, grandes transformações de pessoas que encontraram dentro de si a força interior para sanar qualquer mal.**

Qualquer um de nós tem plenas condições de sair da depressão sem remédios, voltando a produzir internamente o que precisa, desde que tenhamos acompanhamento e apoio correto para isso. Encontrar o seu cajado e realizá-lo é uma das maneiras de dar adeus à depressão.

3. O terceiro problema mais citado é o *stress* no trabalho.

É muito comum esse problema se manifestar quando o trabalho não junta **paixão + habilidade + $**, ou seja, quando a pessoa não gosta do que faz, se sente infeliz no ambiente profissional e trabalha apenas pelo dinheiro, o que é muito triste!

É lamentável passar 8 ou 10 horas todos os dias em um local apenas pelo dinheiro. Isso é muito deprimente! E há pessoas que entram em depressão justamente pelo *stress* na atividade profissional. Geralmente quem se estressa no trabalho é muito autoexigente, se cobra demais e coloca muita pressão sobre si.

Muitas vezes nem é o chefe ou a empresa quem cobra, a própria pessoa coloca uma carga de responsabilidade desumana sobre os seus ombros, por querer desenvolver um trabalho perfeito. **Por mais que desejemos a perfeição, em algum momento vamos errar!**

E é bom você saber que o tempo máximo que o nosso corpo aguenta fazendo o que não gosta, sem ficar doente, é mais ou menos dois anos.

Claro que, em muitos casos, nos sujeitamos a fazer coisas das quais não gostamos em detrimento de outras, mas **o ideal seria que essas atividades não ultrapassassem 30% do nosso tempo diário**, senão nossa energia começa a degradar, e a doença começa a se instalar.

Por exemplo, vamos supor que você deteste trocar a fralda do seu filho. Embora não goste, é algo que precisa ser feito. Se puder, terceirize esse trabalho, mas, se não conseguir, faça com alegria, sabendo que o motivo final, que é o bem-estar de quem você ama, foi suprido.

Porém, não passe mais de 30% do seu dia a dia fazendo atividades das quais não gosta. Se você está num trabalho que não gosta, planeje com cuidado sua transição de carreira e desenhe um mapa, com o passo a passo do processo que você deseja seguir e executar. Isso é extremamente importante para você começar a construção da sua nova realidade.

NENHUM SALÁRIO OU ESTABILIDADE VALEM O TEMPO QUE VOCÊ VAI DESPERDIÇAR FAZENDO O QUE NÃO GOSTA.

Eu fico radiante e feliz de ter me dado conta disso cedo, ainda na casa dos 20 anos, pois poderia estar até agora com o meu cajado perdido pelo mundo e fora do rumo da minha missão.

Todo mundo tem o direito de mudar e ser feliz. Mesmo que você tenha mais idade, e esteja pensando: "Ahhhh, mas daqui a cinco anos eu já me aposento...", avalie com muito cuidado se vale a pena você viver mais cinco anos da sua vida empurrando uma situação desgastada.

Não é melhor arregaçar as mangas agora e, com coragem, fazer a mudança que precisa ser feita?

Nesses cinco anos fazendo o que não gosta, você pode inclusive adoecer, e de qualquer forma pode não conseguir usufruir da aposentadoria com qualidade.

Pense muito sobre isso: se você sofre de *stress* no trabalho, planeje e execute a sua transição de carreira fazendo reforma íntima em paralelo, pois quando o *stress* está instalado em você como *modus operandi*, você pode mudar de empresa e de ambiente, mas continuar estressado, pois o *stress* vai com você, por onde você for.

4. O quarto ponto de dor são os conflitos nos relacionamentos.

Esse é um grande problema da humanidade, algo em comum que todos nós viemos curar e resgatar aqui na Terra. E falando em propósito, quando falamos de forma genérica, a nossa missão é evoluir, pois estamos vivos para processarmos a cura das nossas emoções inferiores, e esse genericamente seria o nosso grande objetivo nesta existência.

Em segundo lugar, a nossa meta é aprender a nos relacionarmos com espíritos conflitantes. **Todas as pessoas com quem estabelecemos contato têm o objetivo de nos ensinar algo**. Todos são professores, alguns nos ensinam o amor, outros a tristeza, uns nos ensinam a raiva, já outros são os professores do medo.

Todo ser humano que aparece na sua vida lhe traz uma mensagem. E o que você aprende com as pessoas ao seu redor? **Com essa ótica de ver todos como professores é que conseguimos viver relacionamentos felizes.**

E atualmente, nesta era digital, moderna, de muitos relacionamentos, nós nos deparamos a todo instante com muitos conflitos. Hoje, raramente vemos as pessoas conversando frente a frente, olhando nos olhos, dando atenção umas para as outras, dispensando um tempo para compreender o outro.

Os abraços estão cada vez mais raros, e o estado contemplativo também. Claro que a vida digital nos trouxe muitas vantagens e hoje é inimaginável viver sem elas, mas é necessário um equilíbrio para que não ocorra a mecanização dos relacionamentos. Nós somos humanos e não máquinas, e cada um de nós pode olhar com muita atenção para isso quando estamos de posse do nosso cajado.

> **5. A quinta dor mais forte que aparece em nossa pesquisa é o desânimo causado pelas dores e doenças crônicas.**

Isso está associado com a falta de energia e vitalidade. Quando não conhecemos a nossa missão, ficamos sem paixão pela vida. Se estamos de posse do nosso cajado, acordamos pela manhã com muita vontade de viver, levantamos da cama com brilho nos olhos, sentindo gratidão por mais um dia!

E existem aquelas pessoas que já levantam com mau humor porque o dia amanheceu mais uma vez e, infelizmente, elas gostariam mesmo é de estarem mortas.

Outros abrem apenas um olho e negociam internamente: *"Será que eu devo abrir o outro olho ou devo ficar aqui, enterrado neste colchão o dia inteiro"?*

O seu quociente de energia vital depende das decisões que você toma já quando acorda, e a preparação do sono é fundamental para isso. As pessoas que oram, meditam, praticam yoga ou outras técnicas de relaxamento antes de dormir comprovadamente são mais felizes e acordam melhor. Tudo o que você é está condicionado ao que você já foi; e tudo o que você será depende do que você é. E quando encontramos nosso cajado, tudo fica tão melhor!

Tudo o que você escolhe neste momento vai definir a tônica da sua vida daqui para a frente. Exatamente assim! O seu futuro será delineado a partir da sua decisão de mudar agora.

E você sabia que, quando a nossa alma sai do corpo, durante a noite, pode viajar para lugares densos ou iluminados? Tudo depende da vibração que você estava no momento em que foi dormir.

Por isso, o preparo antes de dormir é muito importante porque é a qualidade do sono que vai determinar as suas motivações de vida, o seu ânimo e a sua energia vital.

Desânimo é falta de vitalidade, e isso frequentemente é gerado por noites mal dormidas, insônia e falta de energia. Isso também pode ser proveniente de uma má alimentação e sedentarismo.

Quantas vezes ficamos por anos buscando respostas espirituais, que estão justamente nos cuidados com a nossa saúde e com o nosso corpo físico!

Para restabelecer a sua energia vital, você precisa realmente passar um *review* na sua vida e dar uma boa olhada em suas atitudes. Sobretudo no que você vem sentindo e pensando em cada área da sua vida.

Verifique o que lhe falta em termos de equilíbrio. Todos nós temos a noção exata do que está nos atrapalhando, é só refletir por alguns instantes que as respostas vêm.

6. A sexta dor campeã de audiência é a falta de tempo.

Se o dia continua tendo 24 horas há milênios, a quantidade de minutos e segundos é a mesma, por que a nossa sensação com relação ao tempo mudou tanto nas últimas décadas?

Assim como a temperatura muitas vezes não é condizente com a sensação térmica, o tempo não é compatível com a noção que temos sobre ele.

Sentimos que tudo passa rápido demais, pois, no estilo de vida atual, a nossa atenção é disputada a todo instante pelas mídias.

Onde quer que estejamos olhando há um anúncio nos chamando para algo novo: na moda, nas redes sociais, nos bens de consumo, em um aplicativo ou influenciado por uma celebridade. E essas novidades acabam se tornando indispensáveis em nossa vida.

Realmente, se não formos objetivos e organizados, ficamos tontos no meio de tanta informação. Portanto, o tempo não mudou, mas sim o jeito de usá-lo, assim como o nosso estilo de vida.

Com isso, houve uma aceleração da rotina de um modo geral, e a ansiedade, presente na maioria das pessoas quase que em um grau patológico, nos dominou.

É comum vermos pessoas agitadas e vivendo sempre na correria, com a desculpa de que não têm tempo para nada.

Mas, se o tempo continua o mesmo, como as pessoas não têm tempo? Se todos nós na Terra temos direito igualmente a 24 horas cada um?

O que está faltando é foco, organização e produtividade.

Portanto, se você deseja ter tempo, distraia-se menos e organize-se mais! Será que o que você prioriza lhe traz enriquecimento em todos os sentidos? Ou você desperdiça suas preciosas horas com bobagens?

O tempo é a maior riqueza, o maior ativo que temos! Dinheiro nenhum pode pagá-lo, pois quando você o gasta, ele jamais pode ser resgatado. Porém, **quando você aproveita o tempo e foca no que lhe traz resultado, você colhe frutos incríveis! Pense nisso!**

Não existe nada mais raro, caro e valioso do que o seu tempo! Aprenda a valorizá-lo, planeje e faça boas escolhas com ele! O que você puder terceirizar para que lhe sobre mais tempo, terceirize, e aproveite para investir naquilo que lhe faz realmente feliz, pois como dizia o Professor Hermógenes, "*nós temos a obrigação de não desperdiçar o tempo que o universo carinhosamente nos concedeu.*"

As horas que nos foram dadas podem ser utilizadas de forma sábia, principalmente para tornar a Terra um lugar melhor, e se você tomar posse do seu cajado, terá mais tempo livre para se dedicar ao que realmente importa.

OS "NÃOS" QUE VOCÊ NÃO DISSE

Dizer não a alguém é perfeitamente natural, nos traz alívio, além do respeito alheio.

SE VOCÊ NÃO CONHECE O SEU CAJADO e se sente como um barco à deriva no meio do oceano, pode ter certeza de que isso é um resultado de todos os "nãos" que você não disse.

Eu costumo até brincar que ninguém é gordinho por acaso! Se você está acima do seu peso ideal, é porque você não disse aquele sonoro "não" ao brigadeiro, àquela lasanha e a tudo o que o trouxe ao resultado de estar acima do peso!

Logo, estar com sobrepeso é o resultado dos "nãos" que você não disse... Todos os "nãos" que você não falou o trouxeram até aqui. Se você é uma pessoa que sofre em seus relacionamentos, é muito provável que você tenha problemas em estabelecer limites e dizer "não".

Se hoje o seu filho é um adolescente rebelde e abusa da sua paciência, provavelmente você não deu os limites na época correta e agora está sofrendo com as consequências dos "nãos" que você não expressou.

Se você hoje está num trabalho que não suporta, você provavelmente aceitou condições com as quais não concordava apenas para se manter estável em uma zona de conforto totalmente ilusória.

Portanto, a sua vida hoje é a resultante de todos os "nãos" que você deixou de dizer...

Muitas vezes deixamos de verbalizar aquilo que desejamos com medo de ferir as pessoas que amamos. Mas preferimos machucar a nós mesmos. Porém, a questão é que o universo não diferencia quem você machucou.

Não importa se machucou alguém ou se feriu a sua verdade, essa energia negativa e maléfica fica com você! Fazer mal para si gera o mesmo impacto emocional, mental e espiritual de fazer mal a outra pessoa. E acreditar que dizer "não" é fazer mal a alguém é apenas uma crença limitante que criamos em nossa mente.

Dizer "não" é perfeitamente natural, nos traz alívio e o respeito alheio. **E também é uma forma de educar as pessoas, mostrando que você tem autoamor, vontade própria, autorrespeito e que o seu bem-estar prevalece, ou seja, que você não é capacho de ninguém!**

E isso passa longe de egoísmo, mas passa muito perto da liberdade de ser exata e corajosamente quem se é em essência. E é nesse ponto que o seu cajado começa a aflorar.

Toda a energia guardada, acumulada desses "nãos" que você não expressa, se transforma em doenças, e muitas vezes em patologias graves, pois toda energia se transforma. Quando não conseguimos transmutar uma raiva, ela se deposita nos órgãos digestivos; quando não transmutamos a timidez, ela se instala nas cordas vocais, quando não transmutamos o ressentimento, ele se transforma em cálculo renal.

Problemas amorosos não resolvidos podem gerar um tumor no seio. Quantas vezes você não tem coragem de dizer "não" e deixa de estabelecer os devidos limites. E quando uma pessoa lhe ofende, você não interfere, engole a seco essa situação desagradável? Daí você diz: "Ah, depois eu vou esquecer"?

Pois saiba que não existe esquecimento, você nunca vai esquecer um trauma, ou algo de ruim que alguém lhe fez. Esqueça essa história de esquecer... Porém, embora não consigamos tirar da memória, porque a energia sempre se transforma, existe algo chamado reinterpretação ou ressignificação.

> **PERDOAR NÃO É ESQUECER, MAS REINTERPRETAR!**

Quando você perdoa, você não esqueceu, mas reinterpretou no sentido de entender que sentir medo, mágoa, raiva ou tristeza acerca do fato que aconteceu não é inteligente e pode lhe trazer consequências muito ruins. Como isso vai lhe trazer muito sofrimento, você reinterpreta, muda uma chavezinha na sua cabeça, e compreende que ficar se estressando com isso só lhe traz dor.

Muitas vezes nos equivocamos achando que perdoar é esquecer, mas não é. Perdoar é entender que no momento que a situação ocorreu, tanto você quanto a outra pessoa não estavam prontos para lidar com ela. E hoje, com mais maturidade, você entende que tudo foi necessário para que houvessem os aprendizados de ambas as partes.

Quando enxergamos com uma visão superior, vemos a situação como uma necessidade de aprendizado e evolução, afinal de contas estamos aqui na Terra para evoluir e aprender.

O principal perdão é aquele que concedemos a nós mesmos, porque muitas vezes chegamos a uma idade mais avançada e concluímos que não fizemos nada de muito agregador na vida.

Nesse momento, podem surgir uma culpa e uma imensa vontade de correr contra o tempo para resgatar tudo o que foi perdido. Mas você pode se perdoar e começar a partir de agora, pois mesmo que tenha a idade avançada, **a sua experiência de vida lhe ensinou muito até agora e tudo isso pode ser utilizado para construir um futuro promissor daqui para a frente.**

Lembre-se que a alma é feita de energia, portanto ela é eterna e o seu futuro depende das suas ações presentes. E não importa a idade que você tenha! Se lhe resta uma semana de vida, dá para fazer muito neste tempo!

VOCÊ PODE ESCOLHER

Eu simplesmente não aceito a frase "Eu não tive escolha". Na grande maioria das situações nós temos pelo menos duas alternativas, e se você optou por um caminho mais confortável para não sentir dor, tudo bem!

Se você se arrependeu, simplesmente perdoe-se, pois foi a escolha que você fez com o grau de sabedoria que tinha naquele momento, mas escolhas sempre temos. Pelo menos dois caminhos normalmente se apresentam bem à nossa frente!

Você pode escolher viver a sua missão e tomar posse do seu cajado! Caso queira ser feliz, assuma o seu cajado: essa é uma necessidade latente da sua alma!

Quando nascemos, em nossa alma já existe uma programação interior, ou seja, ela já sabe o que veio fazer neste mundo. Mas, na maioria das vezes, estamos totalmente surdos para o que nossa alma quer nos dizer. Isso acontece porque a contaminação dos meios externos como a mídia e a sociedade são muito latentes desde a infância.

Não somos ensinados a silenciar a mente e o coração, ou reservar alguns minutos de nosso dia para ficarmos em estado contemplativo, admirando a natureza e as criações divinas.

Os grandes iniciados têm mais consciência acerca de sua missão, assim como Jesus, Madre Teresa e Buddha. Logo muito cedo, ainda crianças, já despertam e tomam a posse do seu cajado.

AS CARACTERÍSTICAS DE UM VERDADEIRO INICIADO

Quem são os iniciados?

O conceito de iniciado está associado a alguém que veio à Terra para fazer a diferença no mundo e impactar vidas. Ele carrega em sua alma mérito de outras existências, além de selos iniciáticos, como se fossem credenciais pelas suas conquistas encarnatórias.

Mas essas conquistas não são materiais. Em geral, estão ligadas ao domínio de assuntos como mágoa, raiva, ódio, rancor. São graduações e merecimentos adquiridos em encarnações passadas. Eles vêm à Terra com seu propósito a ser revelado.

Todos nós somos iniciados de uma certa forma, e temos esses selos, mas precisamos lembrar deles e encontrá-los em nossa alma, colocando-os em prática, fazendo acontecer a nossa missão.

Com frequência, esses assuntos que você domina não lhe chamam muito a atenção, pois para você é uma coisa natural, como "chover no molhado". Porém, as pessoas ao seu redor percebem, por exemplo, a sua facilidade em saber ouvir, em cozinhar bem, ou ainda a sua calma, a sua força, ou então a sua competência em uma determinada área.

Porém, isso passa muitas vezes despercebido e você nem valoriza, porque é fácil demais para você, mesmo que para as outras pessoas seja algo muito difícil.

Nesse momento, já cabe uma reflexão: **em que áreas você se destaca ou costuma ouvir elogios das pessoas que o cercam?** Pense profundamente agora e anote as suas três maiores habilidades, porque você vai precisar exercitá-las para encontrar e realizar o seu cajado.

Caso não consiga encontrar nenhuma habilidade, você pode estar passando por uma grave crise de autoestima, que pode desencadear problemas sérios. Sugiro que você procure ajuda terapêutica, *coach*, terapias naturais e a utilização de ferramentas que o ajudem no seu desenvolvimento pessoal.

CARACTERÍSTICAS DE UM INICIADO

> **1. Não tem dúvidas, não existe será.**

O "será" é cansativo, é uma palavra chata... Vejamos! Uma pessoa que só fica vibrando no "será"... O diálogo interno dela é mais ou menos assim:

— *Será que eu posso? Será que eu consigo? Será que eu devo fazer? Será que eu sou um iniciado mesmo? Será que eu não sou uma fraude? Será que tomo essa decisão?*

Uma sugestão para quem está sempre na vibração do "será" é agir, ir na direção do seu sonho e procurar prever o pior cenário.

Decida ir e se pergunte: — O que de pior pode acontecer? Qual é o pior cenário? Que riscos vou correr? E esqueça do "será". Simplesmente vá!

Isso me faz lembrar de quando eu estava me preparando para começar a escrever, no ano de 2004. Eu ficava com aquela conversa mental: será que alguém vai gostar do meu livro? Será que alguém vai ler? Será que estou no caminho certo?

Quando eu já estava chateada com essa história de "será", tive o meu momento Chuck Norris[1] e decidi encarar de vez, porque

---

[1] Chuck Norris é um famoso ator dos anos 80. Nos filmes de ação, ele sempre tinha atitude e resolvia algum problema. Quando ele chegava, todos sabiam que a situação tomaria um rumo. Uso esse termo para falar de momentos decisivos em que você precisa dizer "chega", e mudar sua direção.

escrever faz parte do meu cajado! Foi então que pensei: o que de pior pode acontecer? O livro pode ficar encalhado, não vender ou as pessoas não gostarem.

Com a visão desse cenário, eu simplesmente me esforcei muito para que isso nunca acontecesse. Hoje estou na 15ª obra, e várias delas se tornaram *best-sellers*.

E se eu tivesse ficado no "será", me achando incapaz e sem autoestima? Milhares de pessoas não teriam se transformado com esses conteúdos e meu karma[2], por não ter cumprido minha missão, estaria muito maior.

Tomar posse do seu cajado implica em determinação, coragem, foco, resistência e persistência, e todas essas são características que o conduzem à sua missão.

Quando você simula o cenário pior e imagina uma alternativa entre milhões de possibilidades que poderiam acontecer, a sua mente fica mais tranquila, porque se sente preparada para o que pode vir.

Assim, você simplesmente armazena essa possibilidade e segue em frente, na direção dos seus sonhos, acreditando firmemente que tudo vai dar certo.

Caso aconteça algum imprevisto no meio do caminho, você já está pronto, preparado para isso, porque você consegue antever o pior cenário, e cria contramedidas e soluções caso a pior situação se manifeste.

---

[2] Karma são os resultados presentes das nossas ações passadas, tanto negativas quanto positivas.

> **2. O iniciado vive por um propósito.**

Ele é um barco guiado por um afinado GPS³ que o leva à sua missão.

> **3. O iniciado toma as suas próprias decisões.**

Em outras palavras, ele conhece o seu propósito e não permite que pessoas ou situações externas decidam por ele. Ele não se deixa influenciar por pessoas negativas ou pela mídia, crise ou pelo que os outros vão pensar.

O iniciado é o dono da sua vida, ele é o protagonista da sua existência e não permite que os familiares tomem decisões por eles.

Quantas vezes nós vemos por aí famílias onde as crianças de oito anos tomam as decisões da casa, inclusive quando se trata de orçamento doméstico?

Claro que um pai ou mãe não pode desconsiderar sua família na hora de tomar decisões importantes, mas o que você não pode definitivamente, é colocar as decisões que lhe cabem nas mãos de outras pessoas.

---

³ **GPS é a sigla para** *Global Positioning System*, que em português significa "Sistema de Posicionamento Global". Trata-se de um sistema que orienta os nossos trajetos, que nos leva ao destino desejado.

4. O iniciado é unido com a Fonte Universal.

Os comandos vêm da Fonte e não dos outros. São pessoas que obedecem a sua intuição e são conectadas espiritualmente com o universo, guiadas por uma força superior.

Independente de uma religião, o iniciado se conecta com algo maior em que acredita e confia. Essa conexão é uma das coisas mais importantes para que você tome posse do seu cajado.

Já tratei em consultório muitos casos assim: pessoas que adoram que os comandos venham dos outros, porque, se algo não der certo, ela pode culpar alguém.

Elas simplesmente não decidiam para não se sentirem culpadas, caso suas decisões não fossem as melhores. **Mas só há um jeito de aprender a decidir: DECIDINDO!**

Há uma espécie de patologia associada à culpa que atinge quem faz qualquer negócio para não se sentir acusado ou culpado. Mas saiba que a escolha de ser negligente também é nossa, e isso por si só já é uma decisão.

E quando assumimos as consequências das nossas ações e tomamos as nossas próprias decisões, conquistamos a tão sonhada liberdade, que, na minha opinião particular, é um valor que jamais deve ser negociado.

A liberdade não tem preço. Quando você chega ao estágio de não negociar a sua liberdade, você simplesmente não permite que alguém lhe dê ordens, pois você é o dono da sua própria vida.

Dentro da espiritualidade, a liberdade é um dos conceitos mais importantes. Quando você a conquista, você não tem preço, e sua alma se torna incorruptível. Dessa forma, você não se prende a nada, a nenhum conceito, e se torna eternamente livre.

5. Um iniciado abre mão do livre-arbítrio.

Uma vez que sua vontade é conectar-se com o Universo, ele não deseja ter uma vontade separada da Fonte Universal. De posse do seu cajado, ele busca intensamente ser um representante da vontade divina na Terra, auxiliando na construção de um mundo mais amoroso, gentil e harmônico.

6. Segue a trilha do *Bodhisattva*.

Esse termo é utilizado para designar quem está em um caminho de ascensão rumo à sua iluminação. É alguém que segue os preceitos de Buddha, que tem consciência das quatro nobres verdades, da senda óctupla. Enfim, é uma pessoa que abandona o que for preciso para libertar-se da ilusão e fascinação causadas pela matéria, assim como Buddha fez no passado quando se iluminou.

Antes de mais nada, ser um iniciado é viver por um propósito e realizá-lo, e um dos primeiros passos para se tornar um de verdade é encontrar o seu cajado. **Vamos em frente?**

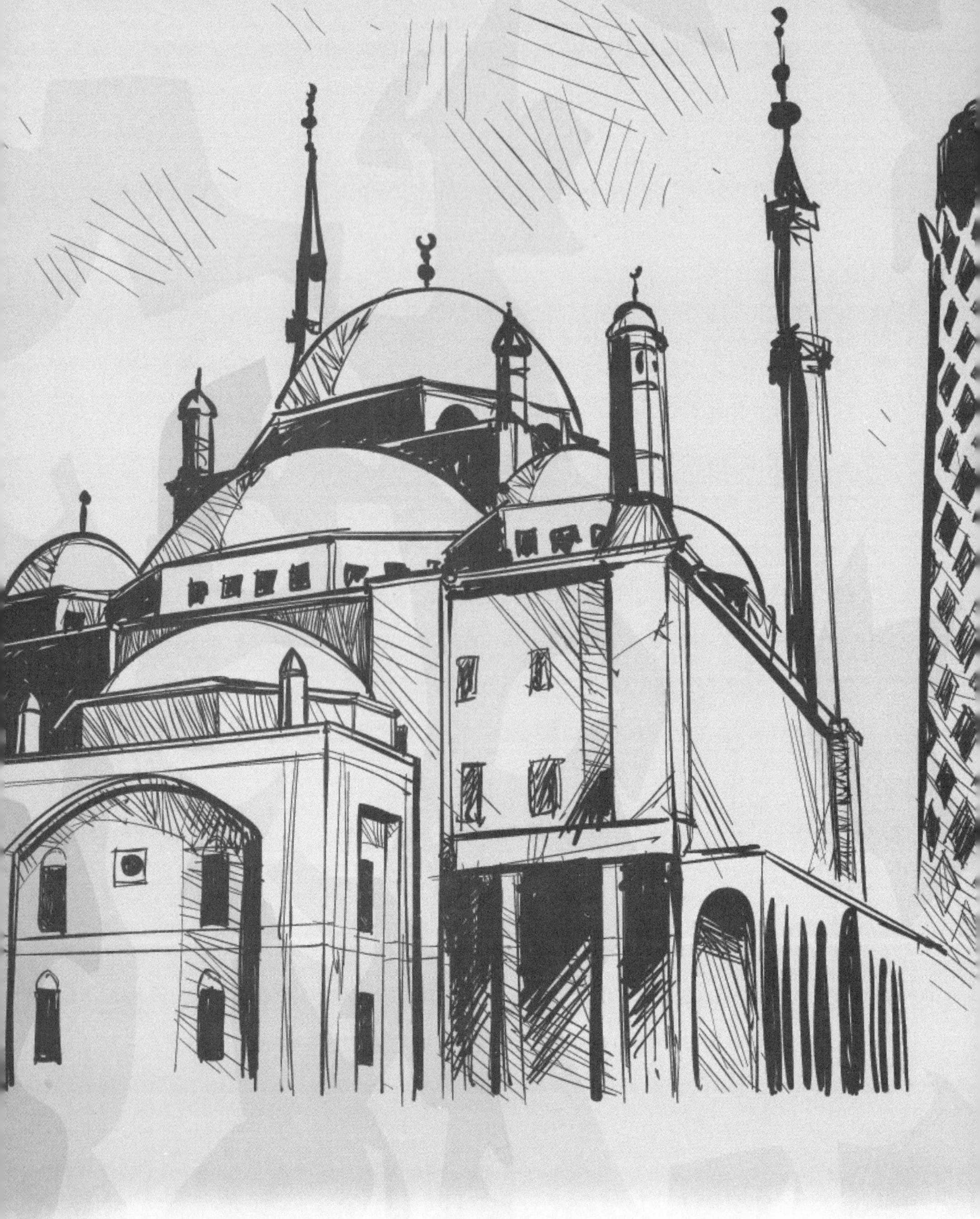

A SIMBOLOGIA AO LONGO DA HISTÓRIA

O CAJADO APARECE DESDE O PRINCÍPIO DA HISTÓRIA da humanidade em contos, alegorias, histórias e lendas, com a característica de conferir poder a quem tem a missão de conduzir um povo em busca de uma meta ou objetivo.

Assim como vários personagens bíblicos, Abraão e Moisés tinham o seu cajado. Nos filmes, vemos Gandalf de Senhor dos Anéis levantando seu cajado para reivindicar o seu poder. Já o Mago Merlin ou Harry Potter possuíam suas varinhas mágicas.

Esses seres costumavam utilizar um cetro de poder em suas práticas, onde acumulavam a sua energia vital. De modo geral, na ponta do cajado havia um cristal ou pedra preciosa que armazenava os superpoderes do iniciado.

Neste livro, eu utilizo essa metáfora para revelar que cada um de nós também possui um cajado que traz a energia da nossa missão. É onde está o tema que você domina, o campo da vida em que você brilha e se sobressai, o que dá sentido à sua existência. E você pode tomar posse desse assunto e ajudar o mundo a ser melhor através do seu conhecimento sobre essa área.

Pode ser que você venha aprendendo sobre isso há mais de mil anos, e agora finalmente chegou o momento de compartilhar essa sabedoria com todos. Mas muitas vezes, por medo, insegurança ou qualquer outro motivo inferior, você se esconde e vive uma vida desviada do objetivo do seu cajado.

Os chefes de várias culturas adotaram o cajado como sinal de autoridade, normalmente um bastão mais ou menos rico e adornado que poderia conter alguma figura simbólica. Os da Idade

Antiga ostentavam os deuses e imperadores e costumavam ter a forma de haste ou vara elevada. Os da Idade Média se apresentavam mais curtos e ricos e os da Idade Moderna eram menores e mais adornados.

No Antigo Egito, o cajado do pastor era usado na mão direita do faraó, simbolizando a mansidão do rei, o seu poder de guia e o amor pelo seu povo. **Os reis direcionavam o cajado** a um súdito, permitindo, ou não, a sua presença.

Os cetros e cajados são símbolos antiquíssimos, e sempre estão associados a alguma espécie de poder. Podem se apresentar de várias formas, diferentes na aparência, porém semelhantes em essência.

Algumas formas de cajados e cetros de poder com representação histórica:

- O cajado nas mãos do mago: Símbolo de poder, tal como a varinha mágica na mão das fadas. A energia que circula no interior do ser alcança o exterior através da vara, como uma continuidade do braço do mago. É a representação simbólica da deusa *Kundalini Shakti*, das duas forças principais regeneradoras (ida e pingala), terrestres ou cósmicas, que circulam pela coluna vertebral. É também uma antena que capta as energias cósmicas.

- Cajado do patriarca: Também símbolo de poder, de comando. Moisés usava o cajado, que se transformava em serpente para manifestar a cólera de Yahvé, colorindo de sangue o rio Nilo, separando as águas do mar Vermelho. Abraão também usava o bastão dos condutores.

- Cajado do peregrino e pastor: Símbolo de apoio espiritual, de busca interior ou condução de um rebanho. Por exemplo, na mão de São José, Jesus e Krishna como pastores. Representa, além disso, a força e o conhecimento do invisível e da força agregadora, que traz união entre as pessoas e os povos.

- Tridente: também está associado ao poder. Os *vikings* ornamentavam suas embarcações com o tridente, pintado ou colocado sobre a proa, como demonstração de poder e de intrepidez. Netuno ou Poseidon, rei dos mares, usava um tridente, que os romanos acreditavam ser o causador dos terremotos. Nos mosaicos romanos vemos os gladiadores empunhando um tridente na mão direita. A Igreja Católica, zelosa de seus preceitos, demonizou o tridente, associando-o ao deus pagão Pan, o qual tinha cascos, rabo e chifres, mas que era um deus alegre e quase infantil, protetor da natureza.

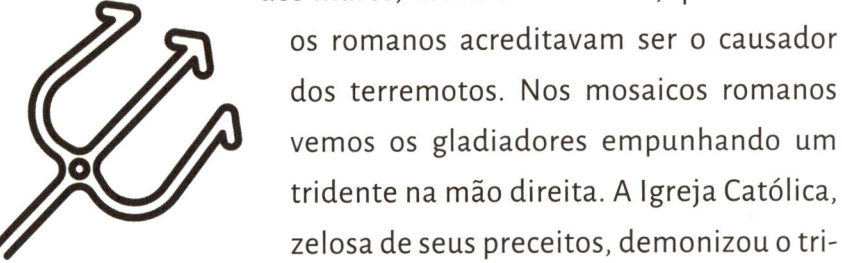

- Bastão de Tirso: Cajado ornado com folhas de parreira ou hera, e em cuja ponta havia pinhas. Por ser símbolo de Baco/Dionísio e das Bacantes, sacerdotisas do culto de Baco (e daí a origem da palavra "bacanal"), foi considerado símbolo pagão pela Igreja Católica. Simbolizava o vinho e o sangue, sede da saúde e da vitalidade.

- Báculo dos bispos: Usam um cajado "pontiagudo embaixo para instigar os preguiçosos, reto no meio para reger os fracos, e curvo no alto para reunir os transviados". Quando aparece em pinturas ou vitrais, o cajado com a curva para fora pertence ao bispo, e com a curva para dentro pertence ao abade.

– Caduceu: Bastão sumeriano constituído de uma vara de oliveira com duas serpentes enroladas sete vezes, cujas cabeças e caudas se tocam, e em cuja ponta há duas asas abertas. É símbolo de precaução, esperteza e atividade. Esotericamente indica a harmonia e os sete chacras principais do homem. É também símbolo dos mensageiros, como na mão de Hermes, o mensageiro dos deuses. A palavra caduceu vem do grego *keruceion*, significando "a insígnia do arauto". O bastão central tem o simbolismo do cetro, o poder que o homem deve conquistar para dirigir sua vida, dominando os impulsos a fim de evoluir. Compara-se também ao simbolismo da árvore da vida e da *kundalini*. As asas simbolizam a transmutação da força sexual instintiva, a ascensão ao plano supra-humano. As serpentes evocam a dupla espiral; elas representam evolução, o desenvolvimento progressivo, a repetição infinita dos ciclos da vida, a dualidade de forças se opondo e se equilibrando. O caduceu também está associado ao equilíbrio psicossomático (psiquê + soma): forças físicas e psíquicas em expansão, evolução e equilíbrio, objetivo da medicina, e por isso símbolo dessa ciência.

– Nativos americanos: O cachimbo indígena norte-americano é longo como o bastão e ornado com duas plumas de águia (asas), sendo um emblema sagrado que pertence ao mestre do universo (Wakan-Tanka).

- **Druidas:** Os antigos magos celtas aconselhavam que o bastão ou varinha fossem feitos de aveleira, porque seus frutos demoravam a aparecer. Assim também o místico tem que ter paciência e constância em seu desenvolvimento, até que os frutos do conhecimento adquirido apareçam.

- **Templários:** À frente da Ordem dos Cavaleiros do Templo situa-se o grão-mestre, senhor absoluto que deve ter na mão o bastão e a vara. O bastão, insígnia de sua dignidade, chamado Ábacus, era terminado por uma plataforma quadrada encimada por um volume esferoidal, e representava o bastão vivo de Aarão. Era o sinal de que o grão-mestre é um mago dos construtores, ou seja, dominava a arte da arquitetura sagrada.

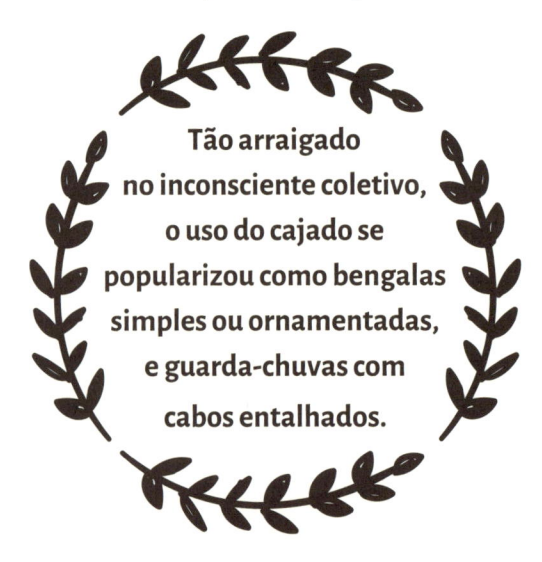

> **Tão arraigado no inconsciente coletivo, o uso do cajado se popularizou como bengalas simples ou ornamentadas, e guarda-chuvas com cabos entalhados.**

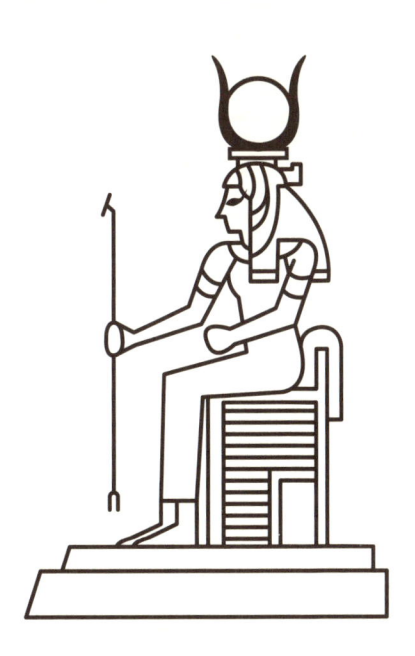

– **Cetro dos faraós:** Sendo iniciados nos mistérios, eles carregavam na mão um ábaco curvado, junto com o azorrague (chicote), também usado pelos templários, significando o poder sobre o alto e o baixo Egito. Na fachada sul da Catedral de Chartres, no vão central dito do juízo final, um personagem alado sustém numa das mãos a coluna do templo, e na outra o azorrague de três pontas esticadas. Antigos profetas e filósofos usavam um bastão, cuja ponta mostrava uma representação do globo solar envolto em raios, símbolo do poder, do conhecimento e da luz.

Foi divertido e curioso fazer esse passeio
pela simbologia dos cajados ao longo da história, não é?

E agora continuamos nossa jornada
até que você encontre o seu!

OS OITO CAJADOS: DESCUBRA QUAL É O SEU

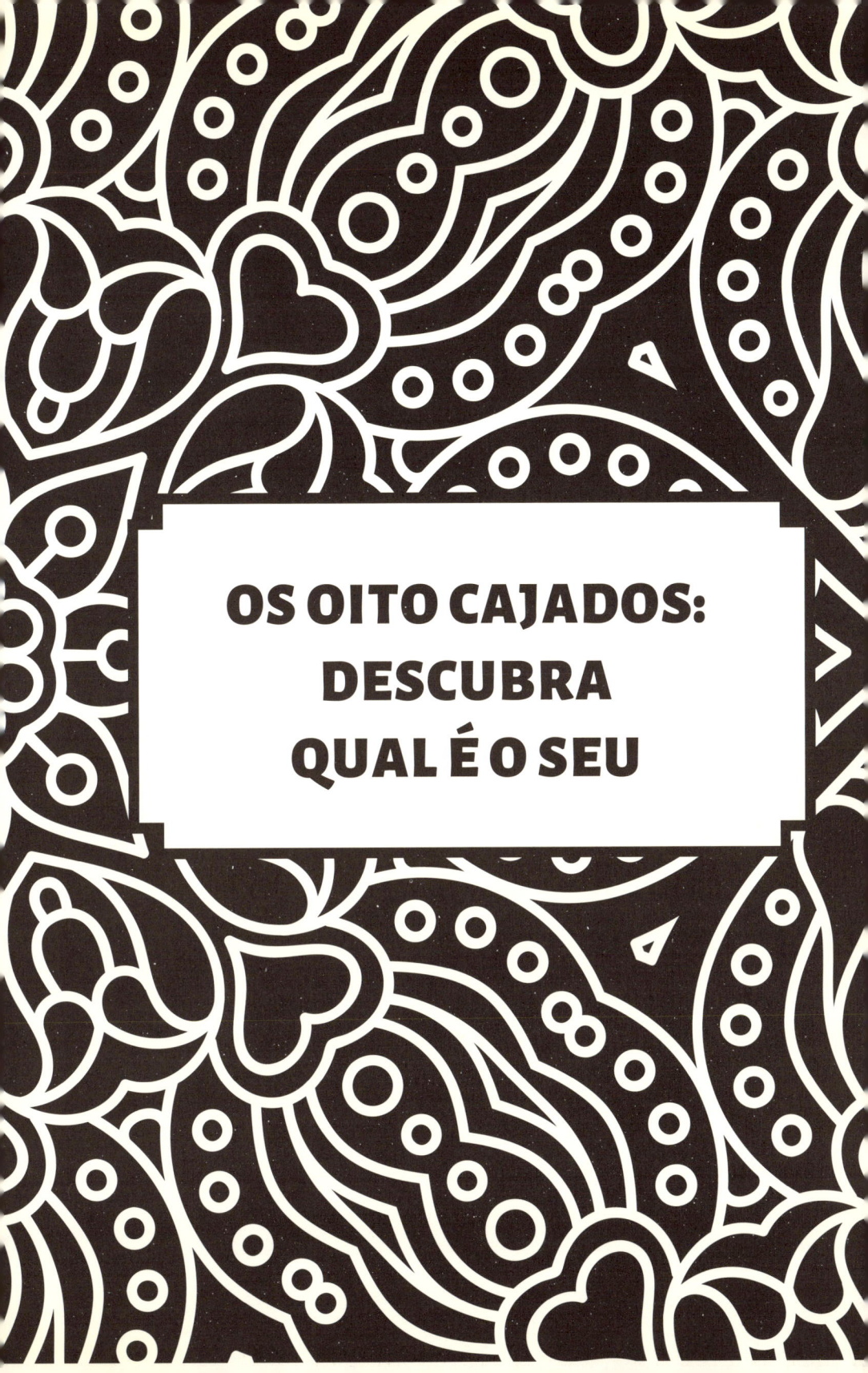

OS CAJADOS SÃO OITO ARQUÉTIPOS, de diferentes tipos de personalidade, que vem à Terra para trazer conhecimento a humanidade, especificamente em sua área.

E você possui um cajado, um assunto específico que é só seu, que você domina, que é uma bandeira que você veio divulgar neste planeta. E qual é essa bandeira? Qual é o tema que você veio defender aqui?

Então, agora eu sugiro que você mergulhe profundamente em cada um dos cajados. Dessa maneira, você conseguirá identificar as suas características positivas e negativas até encontrar as respostas que sempre procurou.

Cada cajado tem um estado de **bipolaridade**: quando você está em equilíbrio, **com energia alta**, você manifesta a verdadeira missão do seu cajado; já quando você **está mal, desequilibrado,** com a energia e a imunidade baixas, manifesta exatamente o contrário da missão do seu cajado.

Para cada arquétipo, existe um mestre modelo, a pessoa que passou pela Terra e que melhor representa a concretização da missão daquele cajado. E o que precisamos observar com atenção é que talvez sejamos um exemplo do lado negativo também. Se está vibrando no "eu inferior" do seu cajado, pode ser que você esteja influenciando as pessoas ao seu redor de forma negativa.

Preste atenção: você está interferindo na vida das pessoas com seu comportamento nocivo? Porque quando você inspira as pessoas de forma negativa o seu karma aumenta.

COMO LER O SEU CAJADO

Na explicação de cada um dos cajados há uma introdução, que explica detalhadamente as suas principais qualidades, as características do portador do cajado e o que pode ocorrer quando ele se encontra em desequilíbrio.

É bem importante que você conheça as duas polaridades da sua energia, pois se não encontrar o seu cajado pelas características positivas, talvez encontre pelas negativas.

A seguir você terá acesso às características por chacra, descobrirá os aspectos positivos (quando em equilíbrio) e negativos (quando em desequilíbrio) de cada um dos sete centros de energia.

No momento em que essas emoções se processarem, consulte os dados do seu cajado, assim poderá ter uma ideia de quais chacras se encontram desequilibrados.

Logo depois, você vai ver as partes do corpo e as doenças correspondentes ao desequilíbrio do portador de cada cajado, quando se encontra fora do rumo de sua missão.

Depois você conhecerá as **profissões associadas** a cada cajado, e assim poderá refletir se está de encontro ou contra a sua atividade profissional.

Temos também os **verbos que expressam** o cajado e **a planta que o simboliza**. Se você costuma utilizar a Fitoenergética®, coloque a erva correspondente a seu arquétipo em seus tratamentos ou cultive-a em casa, até mesmo em um vaso, pois a energia dela vai ajudá-lo na construção da sua missão pessoal.

O **cristal indicado** para o lhe trará a energia do cetro de poder necessária para o cumprimento da sua missão. Procure ter um pequeno cristal compatível com o seu cajado por perto.

Sei que nos tempos atuais fica inviável carregarmos um cajado ou cetro de poder com um cristal na ponta, mas você pode ter um anel, brinco, colar ou simplesmente carregar o cristal em seu bolso, desde que o mantenha próximo.

Quanto à **cor regente** do seu cajado, procure colocá-la em sua rotina, seja nas roupas, alimentação, na decoração de sua casa ou escritório. As cores são elementos naturais de cura e, cada vez que a sua íris as enxerga, reconhece o verdadeiro poder do seu cajado. Assim, você se lembra da sua missão.

E finalmente temos o nome de **pessoas famosas de cada um dois oito cajados**, além de suas frases, que iluminam o nosso caminho de evolução.

Vamos seguir em nossa jornada rumo ao seu cajado?

O CAJADO
DA INSPIRAÇÃO

CAJADO DA INSPIRAÇÃO

As pessoas que possuem o cajado da inspiração são como modelos que todos querem seguir. Eles vieram ao mundo para inspirar as outros seres. Por isso, é natural que as imitem, inclusive em seu estilo de se vestir, de se comportar e de falar, por mais simples que seja.

Os inspiradores ditam tendências.

Você pinta a unha de uma determinada cor e todos imitam? Troca a cor do seu cabelo e todos querem fazer igual? Ou compra uma blusa nova e, na próxima semana, seus amigos estão usando um modelo parecido? **Parabéns! Você tem o cajado da inspiração.**

Em muitos momentos, talvez você tenha se irritado muito com isso, deve ter exclamado aos quatro ventos que as pessoas não têm originalidade ou criatividade, mas agora tudo deve estar fazendo sentido para você, não é mesmo?

Você pode até lembrar das vezes em que alguém foi na sua casa e perguntou: "Onde você achou esta cortina?", "Em que loja você comprou esta almofada?", "E este papel de parede, em que lugar você encontrou?"

As pessoas perguntam muito sobre as suas coisas e seu estilo, porque admiram seu bom gosto e gostam de você como uma inspiração de vida. Se você é muito copiado, imitado, você nasceu para inspirar as outras pessoas!

Quando a sua vibração estiver elevada, na sintonia correta, com seu eu superior conectado, as pessoas o imitam e você é uma fonte de inspiração para elas.

Se é o seu "eu inferior" ou "seu ego negativo" que estão no controle, a sua vida se torna um mar de lamentações e você cai em um estado de vitimização e vícios.

Jesus foi um grande exemplo deste cajado, porque triunfou na sua vinda e no seu propósito, talvez sendo o maior professor que já passou pela Terra ou o maior mestre do mundo, pois, mesmo milhares de anos depois da sua passagem, ele ainda é a pessoa mais conhecida do planeta.

Imagine o quão forte e impactante uma pessoa precisa ser, em uma época em que nem existia tecnologia, para passar a sua mensagem e fazê-la atravessar tantos e tantos séculos deixando a sua marca no coração das pessoas?

Jesus é imitado até hoje e dita tendências, mesmo já tendo se passado mais de dois mil anos da sua vinda. Jesus é a própria manifestação do cajado da inspiração!

CARACTERÍSTICAS

Os inspiradores possuem uma incrível força de atração, vinculação afetiva e magnetismo pessoal. As pessoas não sabem nem porquê, mas desejam fortemente imitá-lo. O portador do cajado da inspiração sente muito prazer em estar vivo, o que o faz desenvolver um *life style* centrado em seu bem-estar físico, beleza, estética e bom gosto, e assim o seu modo de viver se torna um objeto de desejo para os demais.

Mesmo que viva uma vida sem muitas posses, este arquétipo tem um excelente bom gosto e consegue fazer muito esteticamente, utilizando poucos recursos financeiros. Sua casa é sempre muito bem arrumada e decorada, bela esteticamente, com aromas que ativam nossos centros de prazer.

É uma pessoa que se veste bem, usa bons perfumes e sua presença é magnética, o que faz com que todos tenham o desejo de estar com ela e replicar as suas ações.

O inspirador naturalmente desenvolve atributos que o tornam atraente, como se em sua matriz original existisse um *sex appeal*; são pessoas naturalmente sensuais. Quando em estado de equilíbrio, são elegantes e sem vulgaridade.

A simples presença de um inspirador chama a atenção dos demais com seu ar feliz, sorridente, fino e elegante. Os inspiradores gostam do bem-estar produzido pelos bens materiais, possuem um invejável senso estético, e tem muita fertilidade de ideias e pensamentos, o que os torna criativos.

São pessoas que independentemente da idade são bonitas e têm bom gosto, pois gostam de tudo bem arrumado e decorado, inclusive seu próprio corpo. Gostam de utilizar adornos como joias, maquiagem e acessórios. Se tiverem que optar, investem em roupas mais clássicas, mas com bons cortes, que sejam curingas e possam trazer várias formas de combinação entre elas.

CHACRAS	ASPECTOS POSITIVOS	ASPECTOS NEGATIVOS
1º CHACRA	Autoestima alta, astuto, aventureiro.	Egocêntrico, gosta de ser invejado, corre riscos desnecessários.
2º CHACRA	Belo, atraente, encontra parceiros facilmente.	Manipulação pela energia sexual.
3º CHACRA	Charme, elegância, poder pessoal.	Vaidade excessiva, vitimismo.
4º CHACRA	Corajoso, astuto.	Narcisista.
5º CHACRA	Comunicativo, sorridente e heroico.	Reclamação, coloca a culpa nos outros e no mundo que é cruel e injusto.
6º CHACRA	Senso estético, bom gosto.	Pessimismo.
7º CHACRA	Conectado com a beleza universal.	Evita enfrentar seu "eu interior", falta-lhe coragem.

Por serem naturalmente elegantes, podem despertar em algumas pessoas uma certa antipatia ou inveja. Conforme a maturidade avança, o inspirador aprende a lidar com essas situações constrangedoras e circunstanciais que ele acaba muitas vezes passando mesmo que não queira.

QUANDO EM DESEQUILÍBRIO, O INSPIRADOR...
assume a postura de vítima. As partes de seu corpo mais afetadas pelo desequilíbrio são: **língua, pele e virilha, além de influenciar no controle do nível de açúcar no sangue.**

PROFISSÕES ASSOCIADAS AO INSPIRADOR:
Moda, arquitetura, decoração e gastronomia.

VERBOS QUE EXPRESSAM O INSPIRADOR:
Amar, criar e embelezar.

PLANTA QUE SIMBOLIZA O INSPIRADOR:
Calêndula.

CRISTAIS INDICADOS PARA O INSPIRADOR:
Citrino e cristais alaranjados.

COR REGENTE DO INSPIRADOR:
Laranja.

INSPIRADORES FAMOSOS:
Jesus, Saint Germain, Ramatís.

CONSELHOS DOS INSPIRADORES PARA AUXILIAR EM SUA JORNADA

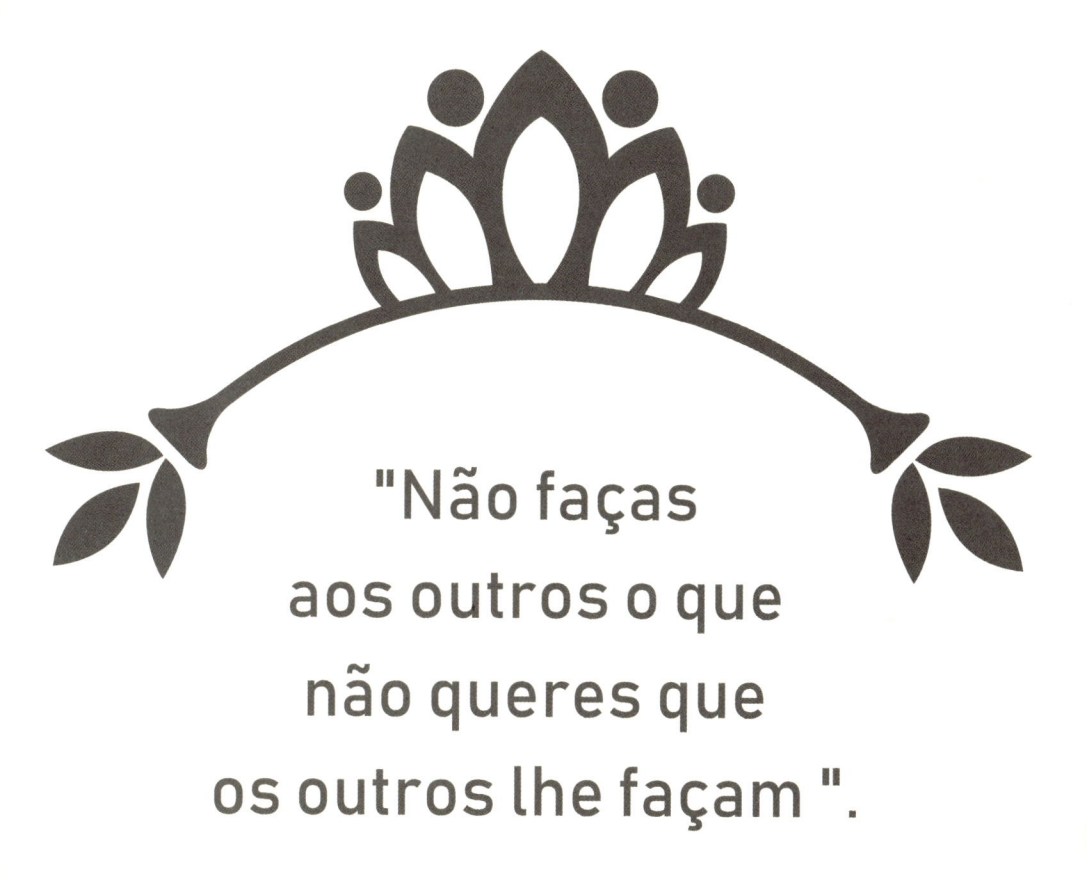

"Não faças
aos outros o que
não queres que
os outros lhe façam".

Jesus

"Talvez o amor seja
o processo de conduzir
o outro para dentro
de si mesmo."

Saint Germain

"A melhor defesa contra
energias negativas
é a vigilância incessante
contra toda sorte
de pensamentos
pecaminosos
e emoções
descontroladas."

Ramatís

O CAJADO DA TRANSFORMAÇÃO

CAJADO DA TRANSFORMAÇÃO

O segundo cajado é o da transformação. Essas pessoas muitas vezes são chamadas de malucas, porque possuem uma mente muito imaginativa e com muita criatividade.

Embora sempre pensem fora da caixa, têm total lucidez e não costumam desistir do que querem. Elas levam suas ideias adiante, independente do que for, porque acreditam nelas.

São pessoas visionárias, que enxergam eventos futuros, que os outros ainda não têm capacidade de ver. Isso acontece quando elas estão equilibradas e com a energia alta.

Quando a energia delas está baixa, se tornam amargas, resmungonas, e sua principal diversão é reclamar de tudo e de todos, que a vida é injusta e cruel, que os outros não compreendem as suas brilhantes ideias. Elas acham que ninguém as entende e acabam se frustrando.

Um dos exemplos de cajado de transformação é Albert Einstein, que foi considerado maluco durante muito tempo e hoje é um dos cientistas mais respeitados do mundo.

Por vezes, infelizmente, as pessoas deste arquétipo só serão respeitadas depois da sua morte, porque as suas ideias são muito à frente do seu tempo.

Em sua época, Einstein foi muito rechaçado e discriminado pela academia científica. Muitas vezes, ele foi impedido de levar seu trabalho adiante. Mas a ideia dele permaneceu e as pessoas de mente mais atrasada acabaram se curvando às suas teorias.

CARACTERÍSTICAS

Conhecidos como redentores, os portadores do cajado da transformação possuem a energia explosiva de um vulcão que entra em erupção rapidamente. **Os transformadores possuem a energia da regeneração que surge através dos encerramentos de ciclos, como a morte e o renascimento, além da limpeza e desapego que esses fatos proporcionam.**

Assim como as estações do ano causam as transformações necessárias para que a natureza se equilibre, o transformador age para que cada ciclo se processe de forma adequada, mesmo que haja uma dor momentânea.

Esses seres têm a necessidade de uma transformação constante tanto em si como no ambiente onde vivem. A ideia perfeita para o transformador é aquela de que nunca nos banhamos no mesmo rio duas vezes, pois o rio se transforma o tempo todo e cada um de nós também.

A ato de limpar, remover elementos indesejáveis e "soltar" faz parte da vida deles. Pode parecer que sua força é destrutiva e até mesmo autodestrutiva, mas na verdade é a energia da regeneração atuando para reconstruir o novo o tempo todo.

Para o transformador é natural que estejamos em constante metamorfose. Mas quando as pessoas ao seu redor não compreendem essa constância, em momentos de desequilíbrio, pode haver a manifestação do despotismo, do excesso de poder e da impulsividade sombria que vêm do seu submundo.

O portador deste cajado seja entrega, ele tem a plena confiança no processo de transformação que envolve a teia da vida.

———— ☀ ————

Para aprender a lidar com a sua dinâmica de vida, o transformador precisa compreender que é necessária a desconstrução de estruturas enrijecidas para construir uma nova realidade atualizada, e que isso faz parte da sua rotina diária.

Esse arquétipo é um catalisador que provoca o surgimento de forças que estão além do nosso controle, ele é a chave alquímica da redenção. A metamorfose faz parte do seu dia a dia, e por consequência o sofrimento também, pois não há evolução e crescimento sem dor.

> Talvez a palavra que defina este cajado seja: **"entrega"**.

Assim como a semente carrega um grande potencial, mas só cumpre seu papel quando se rompe e brota, até que atinja seu autoconhecimento, o transformador vive em constante processo de dor e sofrimento, pois precisa se romper e brotar todos os dias, principalmente quando não está de posse do seu cajado.

CHACRAS	ASPECTOS POSITIVOS	ASPECTOS NEGATIVOS
1º CHACRA	Cinestésico e intuitivo.	Como é muito sensitivo, pode desenvolver algum tipo de neurose.
2º CHACRA	Brincalhão e verdadeiro.	Excesso de sinceridade que pode complicar seus relacionamentos.
3º CHACRA	Gosta de atividades físicas que transformem o corpo.	Tendência ao autoenvenenamento por não conseguir digerir emoções intensas como raiva, medo e ansiedade.
4º CHACRA	Otimista e instintivo, o amor está muito vinculado à sexualidade.	Extremamente intenso e passional.
5º CHACRA	É um bom amigo e gosta de viver em grupo.	Tem dificuldades para liderar.
6º CHACRA	Sedutor e enigmático.	Manipulador e investigativo ao extremo.
7º CHACRA	Conectado a uma força superior.	Pode se voltar às superstições.

QUANDO EM DESEQUILÍBRIO, O TRANSFORMADOR...
pode ser autoritário, déspota e abusar do seu poder.
A parte do corpo mais afetada com esse desequilíbrio são os **órgãos sexuais**, além dos **sistemas reprodutor e imunológico**.

PROFISSÕES ASSOCIADAS AO TRANSFORMADOR:
Artesanato (transformar matéria-prima em arte), trabalhos manuais, esportes fisiculturistas, construção civil, educação física, *coach*.

VERBOS QUE EXPRESSAM O TRANSFORMADOR:
Nascer, morrer, renascer, reformar, transformar.

PLANTA QUE SIMBOLIZA O TRANSFORMADOR:
Hibisco.

CRISTAIS INDICADOS PARA O TRANSFORMADOR:
Rubi, realgar e cristais avermelhados.

COR REGENTE DO TRANSFORMADOR:
Vermelho.

TRANSFORMADORES FAMOSOS:
Kuthumi, Ísis, El Morya Khan, Lao Tse.

CONSELHOS DOS TRANSFORMADORES PARA AUXILIAR EM SUA JORNADA

"É conveniente deixar ir
as situações externas controladas
através do poder. Está tudo bem.
Você não tem que suportar isto, não.
Este é o velho modo e não pode entrar
no novo caminho diante de você.
Os velhos modos devem ficar
na porta, mas não podem entrar."
Kuthumi

"Vida e morte coabitam em seu ser
incessantemente. Utilize essa energia
com equilíbrio e harmonia."
Ísis

"Quando alguém vê as espumas do mar, muitas vezes não se lembra da profundidade de suas águas. Não há pena, dor, martírio. O homem precisa é de sua fé."
El Morya Khan

"O sábio ocupa-se do interior e não da exterioridade dos sentidos. Ele rejeita o superficial e prefere mergulhar no profundo."
Lao Tse

O CAJADO
DA CURA

CAJADO DA CURA

O terceiro cajado é o da cura. O simples olhar ou abraço do curador tem uma energia capaz de curar doenças em todos os níveis. Então, em geral, as pessoas chegam para quem tem o cajado da cura e falam assim:

– **Nossa, só de estar na sua presença, eu já me sinto melhor!**

– **Só de receber seu abraço eu já me sinto melhor!**

– **É incrível, mas parece que seu olhar está querendo me dizer algo muito profundo.**

Se você está acostumado a ouvir esse tipo de comentário dos seus amigos e familiares, pode ter certeza que você tem afinidade com este arquétipo.

Quando uma pessoa deste porte encarna, ajuda a curar a natureza, o local onde mora e impacta a vida da sociedade de forma positiva. São conhecidas como pessoas do "dedo verde", pois as plantas se regeneram na sua presença.

Você gosta de trabalhar com cura? Optou por alguma formação na área da saúde, como enfermagem ou medicina? Esse tema lhe dá prazer, e você não se imagina trabalhando em outro lugar que não seja ligado a este ramo? **Então, você nasceu para curar!**

O grande exemplo de cajado da cura é a Madre Teresa de Calcutá. Quando ela foi para Calcutá tratar dos doentes, miseráveis e excluídos pela sociedade da Índia, ela tinha pouquíssimos recursos e atuava em lugares tão inóspitos que não se tinha acesso a água ou a um pedaço de sabão.

Tanto que algumas pessoas, ao ver a espuma do sabão pela primeira vez, acreditavam que a Madre era uma feiticeira, que estava fazendo mágica, tais eram as condições precárias daqueles que ali viviam.

Como ela não tinha condições, nem material de higiene ou um lugar limpo, ela transmitia o que tinha: **AMOR**. O que ela não sabia é que o seu amor era suficiente, porque carregava em si a força mais intensa do universo. Uma mão na testa, um abraço, um toque, o amor fluía e ela simplesmente curava com sua compaixão.

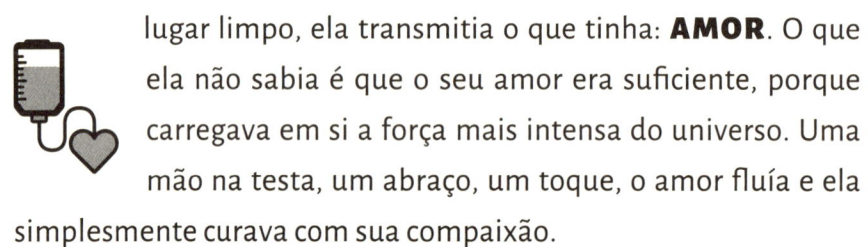

E mesmo de posse do seu cajado da cura, ela teve momentos de escuridão, onde precisou enfrentar grandes incertezas como: **Será que estou no caminho certo? Será que é isso que Deus quer de mim?** Em muitos momentos ela sentiu dúvida e tristeza, mas nunca desistiu.

Esta é a grande tônica
dos Grandes Mestres: CONSISTÊNCIA.
Eles simplesmente não desistem,
pegam o seu cajado e seguem em frente.

Tudo o que a Madre fez foi para encontrar Deus em vida, para ter essa experiência. A sua grande dúvida era: por que Deus não falava com ela?

Mais tarde, ela descobriu que Deus estava em cada doente que ela cuidava, em cada leproso, em cada criança abandonada que ela encontrava, em muitas ocasiões, quase mortas, sendo roídas pelos ratos nas ruas de Calcutá. Cada pessoa que a Madre atendia era a própria manifestação de Deus, que nunca deixou faltar nada para ela.

Quando as pessoas do cajado da cura estão com a energia baixa, é bem normal que sintam tristeza ou depressão.

Pode ser que você nunca tenha pensado sobre trabalhar com saúde, com cura, mas se você sente muita tristeza ou depressão, talvez seja um forte indício de que você está fora da rota da sua missão por não compreender que o seu cajado é o da cura.

CARACTERÍSTICAS

Os curadores são associados ao tempo, que cura todas as feridas. São pessoas que possuem facilidade para lidar com o mundo material, pois conhecem bem a realidade.

Mesmo quando crianças já apresentam sinais de maturidade precoce e possuem a frieza necessária para operar, cortar, costurar um outro ser humano sem abalar-se emocionalmente.

São pessoas cirúrgicas, que prezam por sua individualidade e estão associados a figura paterna, a seriedade e resignação.

Os curadores crescem muito através da dor, e por isso desenvolvem com facilidade o dom de curar, pois obtêm muita satisfação através das experiências de superação e frustrações. Os portadores deste arquétipo gostam da solitude e confiam no seu potencial curador. Também gostam de se sentirem desafiados e testados.

Os curadores, assim como um cirurgião dentista que precisa restaurar um dente doente, têm o dom de limpar, ancorar, fixar, solidificar e sedimentar, respeitando os limites de cada um e acolhendo a realidade.

São pessoas que gostam de cumprir metas, que são focados e dedicados aos seus desafios. Devotas da responsabilidade, do dever, do compromisso e da prudência, não gostam de errar, pois em todas as situações da vida se veem como curadores da questão.

Quando falham com as pessoas que estão ao seu redor, mesmo que sejam seus subordinados, alunos ou família, sentem-se como o pai que não teve clareza ou astúcia para lidar com seus filhos de forma adequada. O curador é sério, organizado, estruturado, maduro e utiliza de todas essas características para construir com solidez tudo o que tocar.

QUANDO EM DESEQUILÍBRIO, O CURADOR...

pode ser tomado por uma grande tristeza e depressão, como se a vida não tivesse nenhuma importância ou sentido. Sentem-se pesados e perdidos, com excesso de responsabilidade, como se carregassem o mundo nas costas. As partes do corpo mais afetadas com o desequilíbrio são os **ossos, cartilagens, dentes, unhas e coração**.

CHACRAS	ASPECTOS POSITIVOS	ASPECTOS NEGATIVOS
1º CHACRA	Senso logístico, organização e estratégia.	Excesso de limpeza e assepsia, que pode se transformar em Transtorno Obsessivo Compulsivo (TOC).
2º CHACRA	Observação e interação diplomática.	Excesso de seriedade, o que pode afastar as pessoas.
3º CHACRA	Habilidoso materialmente, sabe poupar e gerar riqueza. É estratégico e planejador.	Sovina e egoísta, com dificuldade de compartilhar suas aquisições.
4º CHACRA	Criativo e imaginativo.	Pode se tornar endurecido e frio.
5º CHACRA	Liderança intelectual, é inteligente.	Autoritário.
6º CHACRA	Mente produtiva, intelectualmente intenso.	Excesso de atividade mental, pode se tornar introspectivo.
7º CHACRA	Busca compreender o lado mental de Deus, quer compreender as ideias divinas e qual o propósito do Criador.	Pode tornar sua espiritualidade muito racional, com dificuldades de senti-la.

PROFISSÕES ASSOCIADAS AO CURADOR:

Medicina, enfermagem, terapias, arquitetura e profissões que exijam intelecto aguçado e racionalidade.

VERBOS QUE REGEM O CURADOR:

Limitar, restringir, agir e curar.

PLANTA ASSOCIADA AO CURADOR:

Alecrim.

CRISTAIS REGENTES DO CURADOR:

Água marinha e cristais verdes.

COR REGENTE DO CURADOR:

Verde.

CURADORES FAMOSOS:

Madre Teresa, Ramakrishna, Hermes Trismegistos, Hilarion, Maria Madalena.

CONSELHOS DOS CURADORES
PARA AUXILIAR EM SUA JORNADA

"O que você levou anos para
construir, alguém poderá destruir
de uma hora para outra.
Construa assim mesmo.

Se você tem paz e é feliz,
as pessoas podem sentir inveja.
Seja feliz assim mesmo.

Dê ao mundo o seu melhor, mas
isso pode nunca ser o bastante.
Dê o seu melhor assim mesmo.

Veja que no final das contas,
é entre você e Deus.
Nunca foi entre você
e as outras pessoas!"

Madre Teresa

"Não se pode realizar
Deus quando há apego
às coisas do mundo.
Um fio não passa pelo buraco
de uma agulha se uma única
fibra, por minúscula que seja,
oferece resistência."
Ramakrishna

"Toda causa tem seu efeito;
todo efeito tem sua causa;
tudo acontece de acordo com
a lei; o acaso não é senão
o nome da lei não
compreendida; existem
muitos planos de causação,
mas nada escapa à lei."
Hermes Trismegistos

O CAJADO DA CANALIZAÇÃO

CAJADO DA CANALIZAÇÃO

Os portadores do cajado da canalização conseguem receber mensagens dos seres superiores para alertar a humanidade quanto aos caminhos que deve seguir. São grandes visionários que possuem uma mediunidade muito forte, latente e que conseguem se comunicar com o plano espiritual.

O universo está em constante crescimento e expansão, e alguns seres evoluídos conseguem captar essas informações e traduzi-las em uma linguagem que tenha aplicabilidade para transformar a vida humana.

CARACTERÍSTICAS

O canalizador é o mensageiro dos deuses e vive em constante dualidade, conectado ao plano físico e espiritual ao mesmo tempo. Ele oscila entre as polaridades de céu e terra, trazendo à luz a compreensão dos ideais divinos.

Os portadores deste arquétipo estabelecem a ponte sutil entre o espírito e a matéria. São eles que materializam o que a humanidade está preparada para conhecer, e a sua função é se fazer entender por todos nós.

Na mitologia greco-romana, está associado a Mercúrio, o responsável por traduzir a vontade dos deuses. É aquele que leva e traz os recados do plano superior, estabelecendo o contato entre os homens e Deus. Canalizadores são pessoas rápidas, inquietas, curiosas e estratégicas.

Em equilíbrio, ele traz à Terra as mensagens divinas, orientando-nos em que rumo devemos seguir. Quando estão desequilibrados, tendem a ter alucinações e usar as "canalizações alucinadas" para manipular as pessoas e fazê-las atenderem aos seus desejos pessoais.

Então, a polaridade positiva é utilizada para orientar a humanidade em um caminho de evolução. Já a polaridade negativa utiliza as mensagens de forma distorcida para satisfazer os desejos do ego, e isso é muito triste.

Um exemplo do cajado da canalização é o nosso querido Francisco Cândido Xavier, que vivia em constante contato com o mundo extrafísico. Ele costumava dizer que era apenas um carteiro, que entregava as mensagens do plano superior. Chico Xavier utilizava fortemente essa expressão e, com muita humildade, dedicou a sua vida para escrever mais de 400 livros com temáticas espirituais.

Você é muito inspirado, possui sensibilidade mediúnica? Sente muita conexão, acorda com pensamentos novos, precisa anotar muitas ideias? Gosta de escrever poesias e tem a sensação de que sabe de alguma coisa que nunca aprendeu em nenhum lugar? Então, certamente você tem o cajado da canalização e consegue captar mensagens dos seres superiores. Basta você se concentrar e treinar.

CHACRAS	ASPECTOS POSITIVOS	ASPECTOS NEGATIVOS
1º CHACRA	Criativo e inspirado.	Capta a ideia, mas não a realiza, dificuldades de concretização.
2º CHACRA	Gosta de conversas intensas com pessoas profundas.	Por não gostar de papo furado, se torna arredio e antissocial, afastando a maioria das pessoas.
3º CHACRA	Atrai dinheiro com facilidade, é um alquimista que transforma ideias em prosperidade.	Desorganização financeira por falta de competências de ordem prática.
4º CHACRA	Profundo e apaixonado.	Frio e apegado, possui a necessidade de controle.
5º CHACRA	Líder nato.	Autocrático, ditatorial, egoísta e manipulador consciente.
6º CHACRA	Muito inteligente, consegue assimilar muitas informações.	Excessivamente teórico e hipotético.
7º CHACRA	Visionário, comunica-se facilmente com a Fonte Criadora.	Fascinado e vaidoso com suas capacidades de canalização.

Em muitas ocasiões, eles são acordados no meio da noite para escrever uma poesia ou uma ideia. De onde será que vem essa mensagem? Do plano espiritual, e justamente durante o sono quando a alma está mais expandida.

QUANDO EM DESEQUILÍBRIO, O CANALIZADOR...

pode ter alucinações e utilizar as mensagens que recebe para manipular e escravizar as pessoas para que estas atendam a seus desejos pessoais. Sua mente é muito poderosa, e o limiar da ética precisa ser vigiado a cada segundo. **O cérebro, os pulmões** e as funções autônomas do corpo, como **os cinco sentidos e a respiração**, são os mais afetados com o seu desequilíbrio.

PROFISSÕES ASSOCIADAS AO CANALIZADOR:

Comunicação, jornalismo, expressão de ideias, tradução e ensino de línguas.

VERBOS QUE EXPRESSAM O VERBOS DO CANALIZADOR:

Raciocinar, comunicar, memorizar e viajar.

PLANTAS QUE SIMBOLIZAM O CANALIZADOR:

Alfazema/Lavanda.

CRISTAIS INDICADOS PARA O CANALIZADOR:

Ametista e cristais em tons de roxo.

COR REGENTE DO CANALIZADOR:

Violeta.

CANALIZADORES FAMOSOS:

Chico Xavier, Allan Kardec, Helena Blavatsky, Alice Bailey.

CONSELHOS DOS CANALIZADORES PARA AUXILIAR EM SUA JORNADA

"Agradeço a todas as dificuldades que enfrentei; não fosse por elas, eu não teria saído do lugar. As facilidades nos impedem de caminhar. Mesmo as críticas dos outros nos auxiliam muito."

Chico Xavier

"A nossa felicidade será naturalmente proporcional em relação à felicidade que fizermos para os outros."
Allan Kardec

"O potencial da humanidade é infinito, e todo ser tem uma contribuição a fazer por um mundo mais grandioso. Estamos todos nele juntos. Somos UM."
Helena Blavatsky

"Em cada estágio do caminho, escuta-se o aviso: 'Esqueça as coisas que ficaram para trás e continue seguindo em frente'."
Alice Bailey

O CAJADO
DA REVOLUÇÃO

CAJADO DA REVOLUÇÃO

O quinto cajado é o da revolução, no sentido da consciência. Ele é dado as pessoas que impactam o mundo com suas ideias geniais. Este arquétipo consegue identificar os pontos cegos de uma situação que precisa de reforma e renovação.

A revolução que esses seres propõem é no sentido de uma mudança de consciência, no sentido de trocar um hábito ou um padrão que está sendo seguido há muito tempo. Eles trazem grandes transformações para o mundo.

Quando tomam posse do seu cajado, revolucionam a sociedade com propostas mais justas, modernas e atualizadas em áreas como economia, sustentabilidade, política, sociologia, medicina, direito e tantas outras. E se preciso for, **propõem uma revolução, mas sempre com base no amor, sem armas ou violência**.

Quando eles estão com a energia baixa, tornam-se desconfiados e ficam na defensiva. Com medo de serem enganados, só veem o lado sombrio das pessoas e da vida. Se estão em desequilíbrio, tudo é briga e combate.

Com o "eu inferior" aflorado, os revolucionários são aquelas pessoas que querem sair pela rua com o megafone pregando uma ideia, uma escritura, forçando os outros a ouvirem o que têm a dizer, tentando implantar o radicalismo, como se quisessem impor a sua ideia para os outros "goela abaixo".

Quando frustrado, o revolucionário briga por qualquer motivo, e costuma dizer que o mundo é injusto, culpando o governo, os políticos e a vida pelos seus infortúnios.

Dono de discursos inflamados, com frequência **defende uma bandeira**, mas não é ativista de uma causa definida. Ele briga pelo prazer da própria briga e não pela causa em si.

Assim, tudo se torna rebeldia e confusão, e quanto mais a pessoa faz isso, mais ela atrai essas situações desgastantes e que não agregam em nada na sua missão.

Quando a pessoa que possui este cajado define uma bandeira, como, por exemplo: "Vou defender a ecologia e lutar por isso...", ela está em seu caminho perfeito. **Seja na área da defesa dos animais, ou dos direitos das mulheres, sua energia começa a se equilibrar e a ponderação começa a acontecer.**

Os revolucionários são aqueles que vemos por aí defendendo as minorias, clamando por justiça, procurando equanimidade. Citei apenas alguns exemplos para ilustrar, sem a intenção de polemizar ou politizar, apenas para compreendermos melhor.

No momento em que este arquétipo escolhe uma causa e luta por ela, está num bom caminho, principalmente se optar por algo que o irrita ou que faz com que se sinta incomodado.

Eu, por exemplo, me considero uma ativista da liberdade espiritual, defendo a causa de que cada um é livre para escolher a sua jornada espiritual, vivendo experiências para construir o seu caminho de luz, sem necessariamente ter uma religião.

Se você tem o cajado da revolução, certamente tem clareza e enxerga pontos falhos em situações que ninguém vê, e muitos até podem chamá-lo de revolucionário.

No entanto, se sua energia está equilibrada, quando estiver elevado, você vai propor uma revolução de consciência, na forma de pensar, sem se envolver em brigas, fanatismos, radicalismos ou fundamentalismos.

Um grande exemplo deste cajado é Mahatma Gandhi, porque fez uma grande revolução sozinho. Ele começou com um ideal apenas, e conquistou a independência de seu país de forma pacífica, sem levantar nenhuma arma. Como tinha feito o voto de *ahimsa*, ele assumiu publicamente que jamais seria violento com nenhum ser.

Então, no seu ideal de libertar a Índia, brigar nunca foi uma opção para Gandhi. E ele conseguiu! Alguns defensores da não violência, como os budistas tibetanos, costumam dizer que só utiliza da violência quem é desesperado, desequilibrado, e quem não conhece o amor.

Só quem não conhece essa força amorosa precisa de brigas e armas, pois **o amor é muito mais poderoso do que qualquer instrumento bélico que já existiu**. Gandhi acreditava nisso e conseguiu conquistar seus objetivos através do amor.

CARACTERÍSTICAS

Conhecidos também como guerreiros, os revolucionários usam sua grande força, impulsividade e agressividade para trazer à luz as revoluções que o mundo necessita para romper com velhos padrões de comportamento.

Os revolucionários são solares, calorosos, expansivos, impetuosos, combativos e apaixonados por ação.

Pessoas ácidas, que chamam a atenção para si mesmos com o intuito de se sentirem fortes e poderosos, os portadores do cajado da revolução **não medem esforços para lutar** pelo que acreditam. Embora sejam afoitos, apaixonados e rebeldes, quando encontram seu centramento, podem tornar-se grandes sábios.

Inteligentes e irreverentes, eles são agitados, mas também estratégicos e racionais, resistindo durante longos períodos para conquistarem seus objetivos.

Mestres das batalhas e enfrentamentos, são movidos à competição, o que lhes dá muito vigor físico.

CHACRAS	ASPECTOS POSITIVOS	ASPECTOS NEGATIVOS
1º CHACRA	Registra dados físicos, mentais e emocionais em uma frequência muito elevada, com grande sensibilidade.	Irrita-se facilmente.
2º CHACRA	Recusa aos padrões, não sente culpa e é verdadeiro.	Excesso de rebeldia.
3º CHACRA	Luta e trabalha duro pelas suas causas e bandeiras.	Por sua energia combativa, pode sofrer ao ser rejeitado pelos demais.
4º CHACRA	Sabe o que quer e onde quer chegar, imaginativo e autêntico.	Por ser precoce, pode se tornar ansioso e atropelar o tempo necessário para que as coisas se concretizem.
5º CHACRA	Analítico, lidera fazendo com que as pessoas repensem suas atitudes.	Não costuma ceder e isso pode torná-lo convicto.
6º CHACRA	Superdotação consciente e perspicácia intelectual, parece que nasceu sabendo.	Pode se tornar arrogante por ter muito conhecimento.
7º CHACRA	Sente a natureza da divindade dentro de si, dispensando ensinamentos religiosos.	Dominado pelo orgulho e vaidade, torna-se seu próprio deus.

QUANDO EM DESEQUILÍBRIO, O REVOLUCIONÁRIO...

pode tornar-se desconfiado, ficando na defensiva. Tem medo de ser enganado e só vê o lado sombrio das pessoas e da vida. Em algum momento da vida, por sua inocência, já foi passado para trás e não conseguem perdoar. Após esse fato, não confia plenamente em ninguém e acha que o mundo precisa de luta, brigas, armas. Está sempre com um escudo e uma espada na mão conspirando contra alguém, e esses desequilíbrios podem acarretar problemas na cabeça, hemácias, sangue e sistema muscular.

PROFISSÕES ASSOCIADAS AO REVOLUCIONÁRIO:

Política, polícia, forças armadas,
esportes radicais e lutas marciais.

VERBOS QUE EXPRESSAM O REVOLUCIONÁRIO:

Apaixonar, combater e avançar.

PLANTA QUE SIMBOLIZA O REVOLUCIONÁRIO:

Morango.

CRISTAIS INDICADOS PARA O REVOLUCIONÁRIO:

Safira e cristais azul escuros.

COR REGENTE DO REVOLUCIONÁRIO:
Azul Índigo.

REVOLUCIONÁRIOS FAMOSOS:
Gandhi, Krishna, Buddha.

CONSELHOS DOS REVOLUCIONÁRIOS PARA AUXILIAR EM SUA JORNADA

"Diante de qualquer conflito, respire antes de reagir e tente negociar. Mesmo discordando, procure compreender a posição das outras pessoas. Leve em conta o sofrimento alheio."

Gandhi

"Tudo o que vive,
vive para sempre.
Somente o invólucro, o que
é perecível, desaparece.
O espírito não tem fim.
É eterno. Imortal."

Krishna

"Sua tarefa é descobrir
o seu trabalho e, então,
com todo o coração,
dedicar-se a ele."

Buddha

O CAJADO
DA REVELAÇÃO

CAJADO DA REVELAÇÃO

O sexto cajado é o da revelação, pertencente a mentes iluminadas que se desenvolvem ao longo de muitas encarnações para trazer inovações à Terra. São pessoas agitadas, inquietas e muito hiperativas. **A sua visão de futuro é muito clara**, por isso a sua busca é no sentido de viabilizar novas tecnologias.

Visionárias ao extremo, enxergam muito além de todo mundo e são incansáveis para colocar alguma coisa para funcionar. Sabe aquele cientista que decide criar uma máquina do tempo, e ele mesmo a constrói e a coloca para funcionar?

É esse tipo de pessoa, aquela que dorme no laboratório, pois **se realiza enquanto está criando algo** e não desiste até concluir o seu projeto. Esse arquétipo doa a sua vida pelo propósito, pode até ser que ela morra no meio do caminho, mas não desiste até concluir.

Poucas pessoas as compreendem e embarcam nas suas ideias, pois são tão inovadoras que é difícil inclusive conseguir investidores para viabilizá-las.

Quanto estão com a vibração baixa, tornam-se frustradas e doentes, pois o que as move é o fato de **ajudar o mundo a funcionar melhor** e quando isso não acontece, a própria pessoa para de funcionar e por isso a doença vem.

CARACTERÍSTICAS

Os reveladores poderiam ser chamados também de agitadores. Eles usam a sua imprevisibilidade e visão de futuro para impactar o mundo com as suas **grandes invenções e novidades tecnológicas**. Entenda-se aqui como tecnologia, qualquer tipo de conhecimento que possua uma aplicabilidade prática e que facilite a vida das pessoas.

Os portadores deste cajado possuem um **espírito livre e rebelde**, que muitas vezes não se enquadra aos padrões existentes. Como sua mente se orienta para o futuro, eles estão sempre à frente e conseguem enxergar com clareza o que está por vir. Quando as pessoas ao seu redor não têm a mesma visão, costumam se irritar e se sentir incompreendidos.

Eles **gostam de mudanças radicais, rupturas de padrão e costumam criar singularidade em tudo o que tocam**. São aqueles que quebram os moldes de comportamento impostos pela cultura tradicional, pois são originais e detentores das ideias mais inéditas, contemporâneas e futuristas, libertando a humanidade de valores ultrapassados.

O revelador é uma força da natureza! É como a tempestade que sacode as árvores, lança as sementes para longe e renova a vida. Ele é naturalmente tenso, ansioso, rebelde, paradoxal e muitas vezes parece incoerente para a maioria das pessoas. Em muitas situações, sente dificuldade em comunicar o que pensa. Isso tudo acontece por estar muito à frente do seu tempo.

CHACRAS	ASPECTOS POSITIVOS	ASPECTOS NEGATIVOS
1º CHACRA	Primeiro pensa e depois sente, o lado racional e estratégico guia suas emoções mais primitivas.	Pode se tornar racional demais e ter dificuldades para compreender seus sentimentos.
2º CHACRA	Todas as suas relações sociais são estratégicas e tem um propósito que se afiniza com seus objetivos.	Relaxar é perder tempo.
3º CHACRA	Com o hábito de economizar e controlar as finanças, consegue o equilíbrio das emoções.	A excessiva busca pela segurança financeira o desequilibra.
4º CHACRA	É mental e lógico com suas emoções.	Defesa e retração. Quer compreender os sentimentos de forma lógica, tem necessidade de controlá-los.
5º CHACRA	Capacidade de coordenação, raciocina em equipe, mas se dá o direito da decisão final.	Pode se tornar autoritário e déspota.
6º CHACRA	Racional, lógico e estratégico, tem senso de logística e ordenação. Necessidade de controlar sua intuição, sentimentos e emoções.	Tem medo de soltar-se e ir rumo ao desconhecido ou aquilo que não pode controlar.
7º CHACRA	Considera Deus o princípio ordenador do universo, significa hierarquia e respeito.	Muito racional, em desequilíbrio pode afastar-se da espiritualidade.

Ele sofre por ser incompreendido pelos seres humanos mais "lentos" (na ótica do revolucionário, claro). É instável e se sente desconfortável com tradições, padrões repetitivos e acomodados. Está sempre alerta porque a mudança o alimenta.

Amante da liberdade, rebela-se contra tudo o que poderia lhe aprisionar: "me prendeu, me perdeu" é o seu lema. A sua liberdade é um valor inegociável quando se trata de reinventar a vida antes que ela se torne banal.

O revelador está sempre alerta, porque a MUDANÇA o alimenta.

QUANDO EM DESEQUILÍBRIO, O REVELADOR...

torna-se frustrado e doente, pois o que o move é o fato de ajudar o mundo a funcionar melhor. Quando isso não acontece, seu corpo para de funcionar. Por isso, a doença chega afetando o **sistema nervoso, brônquios, traqueia, diafragma e olhos**.

PROFISSÕES ASSOCIADAS AO REVELADOR:

Direito, engenharia, pesquisa, biotecnologia, química, física, robótica, informática.

VERBOS QUE EXPRESSAM O REVELADOR:

Acreditar, confiar, prever e viabilizar.

PLANTA QUE SIMBOLIZA O REVELADOR:

Marcela.

CRISTAIS INDICADOS PARA O REVELADOR:

Topázio amarelo e cristais dourados.

COR REGENTE DO REVELADOR:

Dourado.

REVELADORES FAMOSOS:

Leonardo da Vinci, Thomas Edson, Henry Ford, Santos Dumont, Alexander Graham Bell, Walt Disney.

CONSELHOS DOS REVELADORES PARA AUXILIAR EM SUA JORNADA

"A simplicidade é o último grau de sofisticação."
Leonardo da Vinci

"É divertido fazer o impossível!"
Walt Disney

"Os obstáculos são essas coisas assustadoras que você vê quando desvia os olhos da sua meta."
Henry Ford

O CAJADO
DA ALEGRIA

CAJADO DA ALEGRIA

Sabe aquelas pessoas felizes sem esforço? Os portadores do cajado da alegria são assim, naturalmente engraçados e sorridentes. Eles têm o poder de levar alegria a qualquer ambiente em que circulem. Conseguem produzir uma atmosfera de leveza, fazendo com que as pessoas sorriam, e assim parem de pensar em problemas, o que causa um alívio no psiquismo da Terra.

Grandes artistas, cantores e comediantes possuem facilidade em atrair multidões que gostam de se divertir junto com eles e escutar suas histórias engraçadas.

Neste momento em que vivemos, a internet tem revelado uma nova geração de humoristas que já conquistaram milhões de seguidores com suas piadas e seus trabalhos que possuem o intuito de divertir.

A alegria é uma grande fonte de magnetismo, e a graça e o riso trazem muita leveza ao nosso espírito. A marca dessas pessoas é o sorriso, a simpatia e a inteligência para fazer humor.

Você conhece alguém naturalmente engraçado? Só de vê-lo você já sente vontade de rir? É uma energia característica deles, a frequência da alegria está muito presente em sua vibração. Onde eles estão, são o centro das atenções, pois sempre têm uma piada nova ou história engraçada para dividir com as pessoas.

Quando o alegre vibra em uma energia negativa, é tomado por um tipo de sarcasmo, humor pejorativo e humilhante, que resulta em piadas de mau gosto. Quando não consegue fazer sucesso e ser reconhecido pela sua alegria, começa a ficar mal-humorado, faz piadas racistas, discriminatórias, humilhantes e isso não é saudável pra ninguém.

Um grande exemplo de cajado da alegria é São Francisco de Assis, um mestre que vivia alegre e feliz, demonstrando seu estado de contentamento. São Francisco era poético, piadista, cantador e conseguiu evoluir e se desenvolver espiritualmente por meio da alegria, mesmo que sua vida fosse sofrida e desafiadora.

CARACTERÍSTICAS

Os portadores do cajado da alegria são expansivos e gostam de explorar novas fronteiras: tanto físicas quanto espirituais. Os alegres são benfeitores e portadores de grande capacidade para resolver qualquer questão, uma sabedoria nata e que não foi aprendida, mas que ele traz consigo.

Para o alegre, tudo é fácil, e muitas vezes, por ser assim, as pessoas não o levam muito a sério. Mas basta que surja um problema onde ele precise atuar seriamente, e quem o rodeia ficará impressionado com sua maturidade e leveza para lidar com questões mais difíceis.

Na vida dele, as coisas costumam fluir com facilidade e leveza. Costuma repor suas energias ao ar livre, praticando esportes e respirando profundamente a energia vital. O alegre ama os animais e, provavelmente, já se envolveu em situações constrangedoras por defendê-los com unhas e dentes.

Este arquétipo é movido pelo **progresso** e por isso **gosta de empreender.** Não desiste, vive em um estado de grande animação e empolgação, e as pessoas ao seu redor costumam dizer que ele tem muita sorte.

O que as pessoas não percebem é que ele atrai essa sorte pelo simples fato de que a leveza faz parte da sua rotina, e isso faz com que ele atraia cada vez mais leveza, bom humor, sincronicidades e situações positivas.

O alegre é aquela pessoa feliz, que está sempre rindo. **Por ser muito articulado e simpático, tem facilidade em conhecer pessoas novas e atrair boas amizades.** Muitas pessoas confundem sua alegria com "ser bonzinho".

Porém, se tentam explorá-lo, elas acabam descobrindo seu lado sábio, que diz o que quer, dá bons conselhos e até mesmo um belo sermão quando necessário. Afinal de contas, ser feliz e alegre significa viver de acordo com seu próprio leme, suas vontades, e não de acordo com o que os outros querem.

Não é porque o alegre está sempre sorridente, que ele esteja concordando com tudo. Isso até pode transmitir uma imagem de "cínico" ou "falso", mas ele **sabe muito bem o que quer,** estabelece limites e possui um espírito livre.

Às vezes, essa felicidade exagerada, causada por um desequilíbrio emocional, faz com que ele aja exageradamente em tudo na sua vida. Esses excessos podem acarretar em gastos desnecessários, doações em demasia, fazendo com que falte recursos para si mesmo, pois **ele se doa sem medida.**

Buscador nato, enquanto há busca, ele se sente estimulado a seguir em frente. Quando a procura acaba é hora de seguir rumo a outro lugar. O alegre é inquieto e não tem muito paradeiro, ele gosta de uma vida nômade, que inclua **trabalho, diversão, cultura, aprendizado e espiritualidade.**

A justiça e a ética que lhes são características ajudam a compor uma personalidade sábia, fazendo-o aproveitar a vida como se fosse uma grande festa. Por isso, ele consegue desfrutar de **liberdade, prosperidade, abundância e proteção espiritual.**

QUANDO EM DESEQUILÍBRIO, O ALEGRE...

é tomado por sarcasmo, e um tipo de humor pejorativo e humilhante, fazendo piadas de mau gosto.
Os desequilíbrios podem acarretar doenças nas **glândulas suprarrenais, circulação arterial e crescimento do corpo.**

CHACRAS	ASPECTOS POSITIVOS	ASPECTOS NEGATIVOS
1º CHACRA	Cinestésico, sente primeiro uma reação bioquímica e depois emocional.	Por doar-se ao extremo, pode ter prejuízos materiais.
2º CHACRA	Amável, afetivo, aberto e divertido. Adora gente, ar livre, parques, piquenique.	É tão livre e feliz, que pode ser visto pelos outros como imaturo ou irresponsável.
3º CHACRA	É aventureiro, gosta de esportes radicais e de correr riscos.	Não costuma ser prudente financeiramente, pois enxerga o dinheiro como uma forma de ter mais liberdade. Não costuma economizar para o futuro.
4º CHACRA	Afetuoso, divertido, alegre, confiável e ingênuo.	Como tem um grande coração as pessoas tentam manipulá-lo. Quando tem percepção desse fato, mesmo as pessoas mais próximas acabam conhecendo seu lado inferior.
5º CHACRA	Lidera através da alegria, da motivação e do otimismo.	Por ser engraçado e feliz, as pessoas não costumam levar seus projetos a sério.
6º CHACRA	Brilhante, criativo e inquieto.	Pode ter exaustão mental, pois tem muitas ideias e projetos a realizar.
7º CHACRA	Para ele, o Universo é hormonal e se processa através da adrenalina.	Correr riscos sérios de comprometer sua vida, pois desconhece o perigo.

PROFISSÕES ASSOCIADAS AO ALEGRE:

Comediante, ator, guia turístico, cantor, poeta, veterinário.

VERBOS QUE EXPRESSAM O ALEGRE:

Saber, proteger, sorrir e expandir.

PLANTA QUE SIMBOLIZA O ALEGRE:

Dente de leão.

CRISTAIS INDICADOS PARA O ALEGRE:

Âmbar e cristais amarelados.

COR REGENTE DO ALEGRE:

Amarelo.

ALEGRES FAMOSOS:

São Francisco de Assis, Confúcio, Charles Chaplin.

CONSELHOS DOS ALEGRES PARA AUXILIAR EM SUA JORNADA

"Apenas um raio de sol é suficiente para afastar várias sombras."
São Francisco de Assis

"Escolhe um trabalho de que gostes, e não terás que trabalhar nem um dia na tua vida."
Confúcio

"Se o que você está fazendo for engraçado, não há necessidade de ser engraçado para fazê-lo."
Charles Chaplin

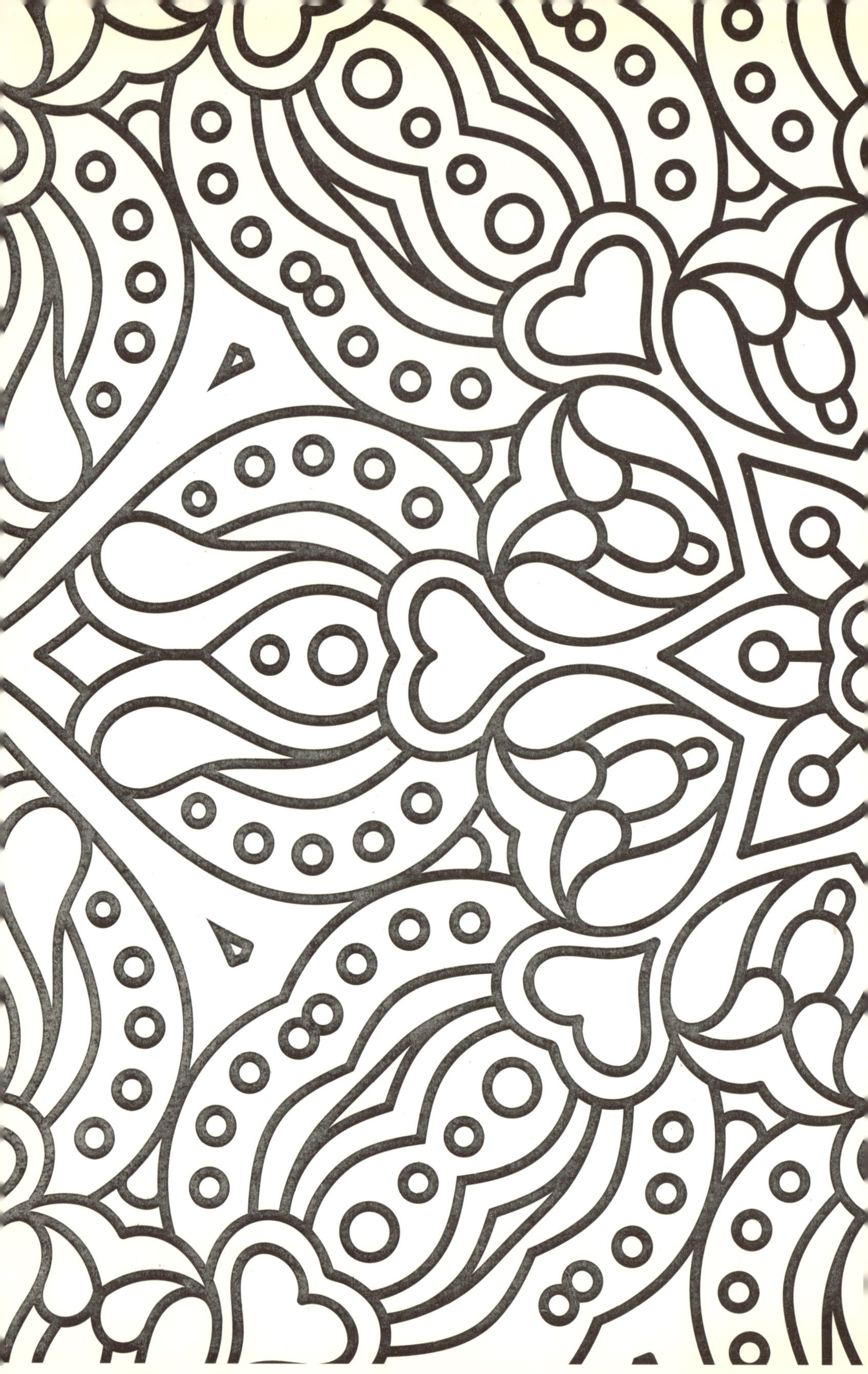

O CAJADO DA PURIFICAÇÃO

CAJADO DA PURIFICAÇÃO

O oitavo cajado é o da purificação e pertence a pessoas que também atraem grandes multidões no sentido de purificá-las. Em geral, quem carrega esse cajado são seres altamente evoluídos que possuem em sua composição anímica uma partícula maior do Cristo[1]. **Esses grandes avatares conseguem abençoar um imenso número de pessoas.**

Eles sintetizam todos os cajados, encarnam para ajudar a aliviar o karma da humanidade e carregam as dores do mundo em si. **Podemos citar o exemplo do Papa** quando realiza uma missa para 10 ou 20 mil pessoas. Sua energia consegue abençoar todas aquelas pessoas ao mesmo tempo. Ou então o Dalai Lama, que junta multidões e dá a sua bênção.

São grandes seres de luz que já passaram anteriormente pela Terra e transcenderam a missão de todos os outros cajados, e mesmo depois de se iluminarem, retornam para nos ajudar na purificação do karma mundial.

---

[1] Na perspectiva desta obra, Cristo, do grego *Krystós* não se refere a Jesus, mas à alma, energia ou espírito santo de um planeta ou universo. Nesta visão, Jesus foi um dos grandes intérpretes do Cristo.

Caso você tenha se identificado com esse cajado, não se sinta mal. Quem se identifica com essa missão muitas vezes pensa que precisa ser famoso, puro ou santo para abençoar um grande número de pessoas. **Existem muitos mestres espalhados pela Terra que vivem no anonimato.**

Pode ser que você esteja em uma grande metrópole, onde vivem milhões de pessoas e sua missão seja abençoá-las. Principalmente se você trabalha em um local com um grande fluxo de circulação de pessoas, ou que você esteja em um show, num estádio de futebol, sua missão seja purificá-las em algum aspecto, de alguma forma, em um determinado nível.

Então, caso tenha se identificado com esse arquétipo, não o negue por problemas de autoestima que porventura você possa ter. Tome posse dele e viva a sua missão.

Como esse cajado sintetiza todos os outros, é mais difícil que os portadores do cajado da purificação vibrem em uma frequência negativa. No entanto, quando sua energia cai, a tendência é que não usem o seu poder de iniciado na direção correta, e assim acabam atraindo grandes multidões por motivos fúteis.

Quem tem o cajado da purificação veio para inspirar, transformar, curar, canalizar, revolucionar, revelar, alegrar e purificar o mundo. São pessoas dotadas de grande sabedoria e parecem ter respostas para todas as perguntas.

CHACRAS	ASPECTOS POSITIVOS	ASPECTOS NEGATIVOS
1º CHACRA	Gosta de se sentir confortável.	O gosto pelo conforto pode travar a sua vida.
2º CHACRA	Amoroso, ama ajudar ao próximo.	De tanto ajudar, tem a tendência de esquecer de si mesmo.
3º CHACRA	Seu lema é servir para vencer.	Tem dificuldade em aceitar o dinheiro como algo positivo.
4º CHACRA	Intenso na expressão dos seus sentimentos.	Explosivo sem nenhum motivo aparente para os demais. Normalmente se trata de algum sentimento mal resolvido guardado por anos.
5º CHACRA	Poder mediador e consensual. Democrático e interativo com o grupo que lidera.	Confuso na hora de decidir.
6º CHACRA	Intuitivo, sua preocupação é ajudar o próximo.	Pode negligenciar o cuidado consigo.
7º CHACRA	Vê Deus como a personificação do amor, deseja uma relação profunda com Deus.	Focado na vida espiritual, tem dificuldade em lidar com as questões práticas da vida.

Um grande exemplo de cajado da purificação é o mestre Sathya Sai Baba, cuja vinda foi anunciada em uma profecia. Ele é a representação das três forças em uma só pessoa: *Brahma*, a criação; *Vishnu*, a manutenção; e *Shiva*, a força destruidora da ilusão.

Na época de seu nascimento, a energia da Terra estava tão comprometida a ponto de precisarmos que um avatar sintetizasse as três forças universais em uma única encarnação.

No período em que Sathya Sai Baba esteve encarnado, de 1926 a 2011, aconteceram as duas grandes guerras mundiais, a revolução industrial, o início da destruição dos recursos naturais, e o grau de ignorância da raça humana só aumentava.

O Plano Espiritual, vendo onde tudo isso poderia parar e o que custaria à raça humana, enviou um grande emissário de sua verdade. Nada mais nada menos que a encarnação do grande Cristo Cósmico vinha à Terra para purificar as nossas inferioridades.

Então, imagine que toda a força da alma que alimenta a vida, não só no nosso planeta, mas em todo o nosso universo, estava presente no corpo de Sathya Sai Baba.

Justamente por isso ele conseguia operar tantos milagres e materializações, que eram necessários para que acreditássemos em seu poder. Sai Baba aliviou muito o karma terreno e purificou nossas almas enquanto esteve por aqui.

CARACTERÍSTICAS

O purificador traz ao mundo a ideia de perfeição e de que podemos sim viver a essência de Deus em todos os momentos. A espiritualidade é o oxigênio do purificador, ele respira Deus em todas as circunstâncias.

Como conhece e já viveu a manifestação de todos os cajados, possui uma visão e orientação espiritual muito fortes. Muitas vezes por sintetizar em seu ser a sabedoria divina e ter autoconsciência, ele encontra dificuldades em se adaptar ao modo de viver material.

Quem convive com um purificador, costuma chamá-lo de sonhador, pois ele é abstrato, profundo e muito espiritual, muitas vezes sentindo dificuldade em se expressar, em falar sobre o que se passa dentro de si.

Geralmente o portador desde cajado leva bastante tempo até se encontrar, e é na espiritualidade que encontra as respostas que busca durante a sua vida. **É uma pessoa quieta, observadora e misteriosa**, o que para a maioria das pessoas pode parecer ilógico, mas na verdade ele é transcendente e costuma achar as palavras desnecessárias para comunicar o que pensa.

Em sua mente, o portador deste cajado imagina que as pessoas podem compreender o que ele pensa e sente através de olhares e sutilezas. Muitas vezes é aí que o purificador se sente solitário e incompreendido, porque nem todos são capazes de perceber a sua forma de se comunicar.

Extremamente intuitivo e subjetivo, é sensível justamente por viver mais no céu do que na Terra. Ele tem total dimensão da realidade em seu íntimo, mas como não consegue na maioria das vezes expressar com objetividade o que sente e pensa, é visto pelas pessoas ao seu redor como alguém fantasioso e enigmático.

Se está em equilíbrio, o purificador pode se tornar um grande vidente, sensitivo, terapeuta natural, esotérico e até um grande guru espiritual, pois quando encontra seu cajado, costuma se tornar uma pessoa de destaque em sua área.

Sente muita angústia e medo quando está desequilibrado. Neste momento, a tendência é se tornar nebuloso e escapista, fugindo das situações que precisa resolver, acarretando em grandes explosões emocionais seguidas de alívio psíquico.

Por ter uma mente ilógica e fugidia, precisa de muita organização psíquica para poder ter paz: **esquemas e anotações simplificadas podem ajudá-lo a ter organização mental**.

Como seu foco de vida é a espiritualidade, pode tornar-se distante demais das questões materiais e práticas da vida, e isso pode lhe trazer grandes problemas de ordem prática. Afinal de contas, vivemos na Terra e é preciso colocar os pés no chão.

QUANDO EM DESEQUILÍBRIO, O PURIFICADOR...
usa seu poder de grande iniciado e tende a atrair grandes multidões para motivos fúteis. Veio à Terra para conduzir a jornada de evolução planetária, mas acaba desviando as pessoas do seu foco evolutivo. Os desequilíbrios podem desencadear **doenças hormonais, nas glândulas endócrinas, linfa e líquidos corporais**.

PROFISSÕES ASSOCIADAS AO PURIFICADOR:

Tarólogo, astrólogo, professor de yoga, vidente, sensitivo, terapeuta natural, esotérico, padre, pastor, líder religioso, guru espiritual.

VERBOS QUE EXPRESSAM O PURIFICADOR:

Libertar, despertar, magnetizar e aprofundar.

PLANTA QUE SIMBOLIZA O PURIFICADOR:

Jasmim.

CRISTAIS INDICADOS PARA O PURIFICADOR:

Turmalina azul e cristais azul claros.

COR REGENTE DO PURIFICADOR:

Azul celeste.

PURIFICADORES FAMOSOS:

Sathya Sai Baba, Paramahansa Yogananda, Babaji.

CONSELHOS DOS PURIFICADORES PARA AUXILIAR EM SUA JORNADA

"O homem sábio é aquele que controla a mente e purifica o coração, preenchendo-o com bons pensamentos."

Sathya Sai Baba

"Para mim, não existem judeus, cristãos ou hindus; todos são meus irmãos. Eu presto adoração em qualquer templo, pois todos foram construídos em honra de meu Pai."

Paramahansa Yogananda

"Pelos erros de muitos, não julgue o todo. Tudo o que existe no mundo tem caráter misto, semelhante a uma combinação de areia e açúcar. Seja como a sábia formiga que agarra somente o açúcar, deixando intacta a areia."
Babaji

A DICA DEFINITIVA PARA VOCÊ ENCONTRAR O SEU CAJADO

É muito comum ao longo da história da humanidade que tenhamos ouvido histórias sobre os mestres peregrinos. Em muitas culturas e civilizações antigas, os meninos ainda pequenos saíam de sua aldeia para fazer uma peregrinação e aprenderem a sobreviver na selva, enfrentando os perigos da noite e da vida selvagem.

Dentro do Budismo tradicional existe o conceito de que, para se iluminar, a peregrinação é imprescindível por diversas questões: durante o tempo de viagem, o peregrino precisa se desafiar o tempo inteiro e entrar em contato com situações que pedem improviso, coragem, enfrentamento, luta pela sobrevivência e, principalmente, vencer os seus limites.

Quando falamos dos candidatos à iluminação no Budismo, surge a palavra *bodhisattva*, que resumidamente significa um candidato à Buddha ou à iluminação.

Para se tornar um *bodhisattva*, existem 37 práticas que o candidato precisa seguir fielmente. Para focarmos em nosso propósito de encontrar o seu cajado, vamos falar apenas da segunda prática, que já é suficiente para alavancar o seu processo de busca rumo à sua missão de alma:

> "O desejo por amigos espuma como água,
> a raiva pelos inimigos queima como o fogo.
> Na escuridão da estupidez, você se esquece
> do que adotar e do que rejeitar.
> A prática de um *bodhisattva*
> é abandonar sua terra natal."

O *bodhisattva* abandona sua terra natal para que consiga descontaminar-se das crenças causadas pela sua educação, pelos valores que lhe foram passados através das gerações de sua família, de seus amigos e de outras pessoas próximas.

Quando um *bodhisattva* abandona a sua terra natal, ele se descaracteriza, deixa de ser conhecido pelas outras pessoas, de ser quem sempre foi, pois precisará reconstruir-se e rever seus princípios e valores, baseando-se em seu "eu interior", em suas verdades internas, ou seja, naquilo que está armazenado em sua alma.

Assim, começa a acontecer a dissolução do ego e a purificação das emoções inferiores. Mesmo que haja a saudade da família, dos amigos e da estrutura de vida, que nos traz segurança e proteção, crescemos com essa situação, pois temos que aprender a viver longe daquilo que nos traz conforto, e nisso consiste a verdadeira liberdade, em dominar e vencer as ilusões da matéria.

Abandonar a terra natal não significa largar a sua família e sair pelo mundo sozinho, mas implica em deixar velhos conceitos e paradigmas que regem a sua mente desde que você nasceu. Afastar-se da cidade onde nasceu é fazer uma peregrinação para dentro de si mesmo, como uma criança que volta à idade do "por que", para questionar absolutamente todas as suas ações, pensamentos e sentimentos.

Então eu lhe pergunto: — Será que, na sua casa, convivendo com as pessoas da sua família todos os dias, com os amigos e com o conforto de uma vida bem estruturada, é possível se desafiar? Será que nessas condições é possível você saber quem você é de verdade, com tantas energias e auras misturadas à sua? Será que é possível pensar sozinho em um ambiente contaminado por ondas de internet, rádio, TV e pensamentos alheios?

No mundo animal, assim que estão prontos, os filhotes são impulsionados pela mãe a seguirem suas vidas para que sozinhos consigam sobreviver. A mamãe passarinho conduz o filhote ao primeiro voo, e assim que os cãezinhos têm dentes são direcionados ao desmame.

A natureza é muito sábia e a infância na vida selvagem é curta, justamente para que a sobrevivência seja garantida. A questão é que somos os mamíferos com o maior período de infância, que muitas vezes se prolonga por uma questão de superproteção da família, e quando não saímos de perto dela, podemos nos tornar adultos infantilizados e que não tomam suas próprias decisões.

E você pode estar pensando: "Mas amo a minha família e quero ficar com ela todos os dias da minha vida", e está tudo bem se você pensa assim! Porém, a pergunta que quero lhe fazer é a seguinte: – O quão melhor você poderia ser para a sua família se você se conhecesse de verdade? Se você soubesse quem é e tivesse a posse do seu cajado, que é seu por direito, com legitimidade?

É por esses e tantos outros motivos que a minha dica definitiva é que você **organize uma viagem e vá sozinho**.

Exatamente isso! Que você fique a pelo menos 1.500 km de distância das pessoas que você conhece, por pelo menos uma semana, só para conviver consigo mesmo e com as pessoas que você for conhecendo pelo caminho. Nesse período, utilize internet e redes sociais para o estritamente necessário e apenas para comunicar a sua família: "estou vivo e está tudo bem comigo!"

Para algumas pessoas, essa ideia pode parecer até absurda, mas planeje com calma e cuidado. Pense nela, não precisa ser agora, principalmente se essa ideia não couber em seu momento atual de vida. Deixe-a guardada em um lugar bem íntimo dentro de você para que no futuro possa realizá-la.

Mas faça-a acontecer! Acredite em mim: você precisa disso! Da liberdade de estar em contato íntimo consigo mesmo e descobrir a beleza e a maravilha de ser quem você exatamente é!

O lugar para onde você vai não importa muito, desde que faça sentido para você e que seja conectado com a sua alma, pois você precisa se sentir um explorador de novos mundos.

Arrisque-se a embarcar nessa aventura e você nunca mais será o mesmo!

Conheço muitas pessoas que assumiram compromissos de casamento e filhos muito cedo na vida, e há mais de 20 anos não passam um dia sozinhas e já nem sabem mais de suas preferências, dos seus gostos, porque se descaracterizaram completamente vivendo em função da família.

Em muitos casos, até uma doença poderá surgir para que a pessoa pare e olhe para si de verdade. Então antes que isso aconteça na sua vida, que tal parar tudo e ficar na sua companhia apenas?

Como seria se reconhecer, reconectar, ficar somente na sua própria companhia, olhar para si?

Estou aqui fazendo o meu papel, desafiando-o a encontrar a sua joia interior mais rara: a força da sua missão!

Os *insights*, sacadas e descobertas que fazemos quando estamos longe de tudo e de todos são reveladores e vão ao encontro da nossa missão!

Para algumas pessoas pode ser até difícil de pensar nessa possibilidade, mas eu gostaria de aconselhar você a pensar nisso com amor e cuidado, e claro, se for possível, embarque hoje mesmo nessa aventura em busca de si mesmo!

BOA VIAGEM!

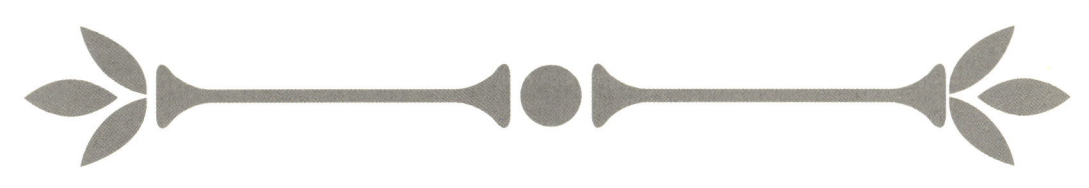

Faça a diferença:
o mundo precisa
de você!

@pat.candido

#Cajados

QUAL É O SEU CAJADO?

Depois de conhecer cada um dos oito cajados, você já conseguiu identificar o seu? Ou pelo menos teve uma ideia dos cajados das pessoas com quem você mais convive? Às vezes é mais fácil identificar o cajado dos seus amigos e familiares, pois olhando de fora a nossa visão se torna mais ampla.

Não há nenhum problema se você ficar em dúvida entre dois cajados. Você pode testá-los e se aprimorar até descobrir a sua real missão. Vá treinando um pouco a cada dia, excluindo possibilidades. Dessa forma, você será guiado rumo à sua missão.

Eu espero que você tenha conseguido ter uma boa compreensão deste tema tão importante. Assim, não acontecerá o desperdício da sua encarnação, esta oportunidade incrível de evoluir.

O tempo é o nosso ativo mais precioso. Nada é mais valioso do que o nosso tempo aqui na Terra, e seria terrível chegarmos ao fim da vida com a sensação de que não contribuímos em nada com o nosso mundo.

Se você teve uma noção do que veio fazer aqui e tomou posse disso, pode ter a certeza de que a sua vida vai tomar uma direção diferente a partir de agora. Quando estamos de posse do nosso cajado, tudo começa a fluir. Atraímos saúde, felicidade, bons relacionamentos, prosperidade e alegria, porque estamos alinhados com a nossa matriz original.

Gosto muito dessa frase: "Quem duvida do seu poder dá poder às suas dúvidas". Se você não acredita em seu poder, em vez de crescer, você murcha, fica sem energia e vitalidade. Com isso, a tendência é que uma doença ou uma situação muito desafiadora se apresente em sua vida para lhe provocar e lhe trazer novamente para os trilhos da sua missão.

E quando você concentra seu foco, como um laser, no seu propósito, tudo flui facilmente e sem esforço, tudo em sua vida começa a acontecer: **coincidências, sincronicidades, novas pessoas e oportunidades surgirão.**

E, se até aqui, ainda ficou dúvidas sobre qual é o seu cajado, preparei algumas perguntas-chave para que você o encontre:

DICAS BÔNUS PARA ENCONTRAR O SEU CAJADO

1. Pense: qual é o principal assunto da sua vida, aquilo que lhe traz alegria, o que você considera muitas vezes um *hobby*?

2. Sobre qual tema você tem mais livros em casa?

3. Você domina qual área do conhecimento? Você ensinaria esse assunto até de graça?

4. Sobre qual temática você consome mais conteúdo na internet? Sobre o que você mais fala com seus amigos?

5. Qual é a sua verdadeira paixão, aquilo que você faria por prazer mesmo que fosse sem cobrar nada?

6. Desde sua infância, por qual motivo você é mais elogiado pelas pessoas? Qual é a sua característica única, especial?

Por exemplo, se o seu cajado é o da inspiração, provavelmente você já ouviu muitas vezes as frases: "Você é uma inspiração para mim!", "Nossa, como você me inspira!", "Você é inspirador", ou "Me inspirei no seu cabelo novo".

Se você tem o cajado da revolução, já deve ter escutado sobre o quanto é revolucionário: "Nossa, você chegou aqui e causou uma verdadeira revolução".

Provavelmente o universo já avisou você sobre o seu cajado!

Ele já lhe falou muitas vezes, repetitivamente uma dessas palavras: *inspiração, transformação, cura, canalização, revolução, revelação, alegria ou purificação.*

Em essência você é uma dessas palavras, e com essas perguntas, fica mais fácil de encontrar um caminho.

Então, qual dessas palavras mais faz sentido para você? Qual delas você mais escuta dos seus amigos e familiares? Qual dessas palavras é a sua preferida?

Eu desejo de coração que este conteúdo tenha agregado valor na sua vida, tenha lhe trazido centramento e ajudado na sua busca, porque o que não dá é para vivermos uma vida vazia, como barcos perdidos no oceano.

Encontre o seu cajado, tome posse dele e faça a diferença no mundo, pois você nasceu para isto: **melhorar as suas inferioridades, evoluir, crescer e transformar o mundo.**

O conceito de sucesso é muito relativo e depende das ambições de cada um. Se você transformar a vida do seu filho, já terá tido um grande sucesso. Talvez você precise transformar a vida da sua comunidade. Quem sabe transformar a si mesmo será o maior sucesso que alguém poderá conquistar!

Siga em frente com seu cajado e não olhe para trás!

JAMAIS ABANDONE

O SEU CAJADO!

**Com amor,
Patrícia**

PERGUNTAS E RESPOSTAS

1. O que é um cajado?

Cajado é um termo metafórico utilizado nesta obra para simbolizar e expressar a nossa missão de alma. Na Antiguidade, os cajados estavam associados ao poder e à condução de um povo. No caso deste livro, quando tomamos posse do nosso cajado, assumimos o nosso real poder de contribuir com o mundo através da nossa missão.

2. Por qual motivo preciso conhecer o meu cajado?

Você quer ser feliz, acordar todas as manhãs com brilho nos olhos e ânimo para viver? Deseja acabar com as suas dores, medos e inseguranças? Ao tomar posse do seu cajado, você encontrará o seu verdadeiro lugar no mundo. Essa é uma necessidade latente da sua alma!

3. Para que serve descobrir qual é o meu cajado?

Serve para que você se oriente e se situe de forma vocacional, para que você consiga definir o rumo da sua missão de vida. Quando você descobre o seu cajado e anda na direção do rumo da sua alma, as suas dores vão desaparecendo, assim como a necessidade de ser perfeito. Quando encontramos o caminho certo, tudo renasce e floresce na nossa vida.

4. E se eu não quiser seguir o rumo do meu cajado? O que pode acontecer comigo?

Se você ignorar seu cajado e missão de vida, é provável que sua encarnação seja desperdiçada e seu tempo de vida aqui na Terra tenha sido utilizado em vão, repercutindo negativamente no futuro da sua alma.

5. Quais são os perigos de não tomar posse do meu cajado?

1. Falta de prosperidade;
2. Depressão, tristeza e vazio da alma;
3. *Stress* no trabalho;
4. Conflitos nos relacionamentos;
5. Desânimo causado pelas dores e doenças crônicas;
6. Falta de tempo.

6. Encontrar o meu cajado ajuda a resolver conflitos de relacionamentos?

Sim, pois quando você é conhecedor de sua missão, tudo ao seu redor começa a fazer sentido, você se sente feliz, realizado, tornando-se mais agradável para as pessoas com quem convive e atraindo pessoas compatíveis com a sua energia.

7. Encontrar o meu cajado também pode me ajudar a conquistar metas?

Como vimos ao longo deste livro, todos nós temos um potencial muito grande de transformação e de crescimento. Quando encontramos nosso cajado, nos alinhamos com a nossa matriz original e nossa energia se purifica, atraindo com facilidade as situações de abundância, prosperidade e felicidade.

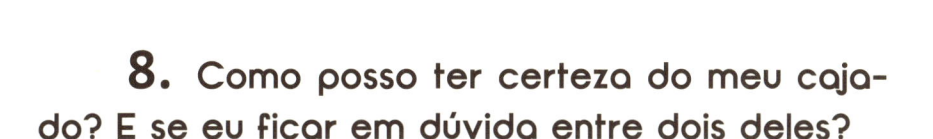

8. Como posso ter certeza do meu cajado? E se eu ficar em dúvida entre dois deles?

Não há nenhum problema se você ficar em dúvida entre dois cajados. Para descobrir qual é o seu real caminho, você pode testar e se aprimorar um pouco a cada dia. Treine e exclua aquelas opções que não combinam com a sua personalidade. Dessa maneira, você se direciona no rumo da sua missão.

9. Posso ajudar outras pessoas a encontrarem seus cajados?

Sim, principalmente se você for *coach* ou terapeuta. Esta obra é uma excelente ferramenta de autoconhecimento e ajuda para quem deseja se situar sobre sua missão de vida.

10. Como manter minha energia sempre elevada para seguir a missão do meu cajado?

Para manter sua energia elevada é necessária a prática diária de exercícios espirituais que o conectem a uma energia superior.

Você pode praticar Meditação, Yoga, Reiki, Tai Chi Chuan, Fitoenergética[1], Aura Master[2], Conexão de Quatro Etapas[3] e outras técnicas que você preferir.

Faça sua reforma íntima, vá em busca de autoconhecimento e, principalmente, aprenda a perdoar-se e aseguir em frente.

---

[1] A **Fitoenergética** é um sistema natural de cura e equilíbrio que utiliza a energia das plantas. Esse conhecimento inédito no mundo já transformou a vida de milhares de pessoas. Aqui você encontra mais informações: <http://www.luzdaserra.com.br/fitoenergetica>.

[2] O **Aura Master** é uma técnica terapêutica de ação rápida para ativar poderes ocultos de autocura e mudanças no estado emocional, mental e espiritual.

[3] A **Conexão de Quatro Etapas** pode ajudá-lo a desenvolver a sua espiritualidade, é uma oração que realmente funciona. Saiba como fazer o passo a passo em: <http://www.luzdaserra.com.br/conexao-de-4-etapas>.

SOBRE A AUTORA

PATRÍCIA CÂNDIDO é uma das responsáveis pela expansão da Espiritualidade no Brasil, com base nos ensinamentos dos Grandes Mestres Espirituais.

É filósofa, escritora, palestrante espiritualista, CEO e cofundadora da Instituição Luz da Serra.

Escreveu 14 obras, sendo 6 em coautoria, com 2 títulos entre os mais vendidos da revista Veja, e 2 programas transformacionais em áudio sobre prosperidade.

Patrícia é destaque nas redes sociais produzindo vídeos no canal Luz da Serra, no YouTube, que já ultrapassa os 700 mil inscritos e possui mais de 75,5 milhões de visualizações ao ano.

Para contratar palestras e saber mais:
www.patriciacandido.com.br

SIGA A AUTORA

YouTube Canal Luzdaserra

Instagram www.instagram.com/pat.candido

Facebook www.facebook.com/gmestresdahumanidade

OUTRAS PUBLICAÇÕES

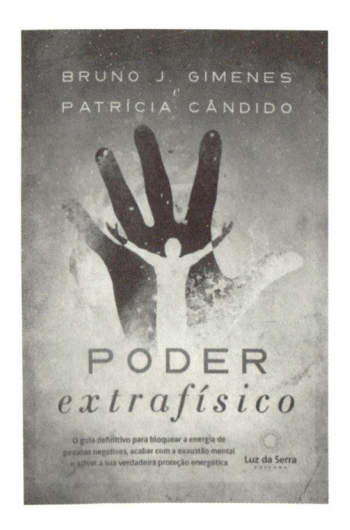

Luz da Serra
EDITORA

Poder Extrafísico
Bruno J. Gimenes e Patrícia Cândido

Você é uma verdadeira "esponja" que absorve a energia das pessoas, ambientes e problemas ao seu redor? Vira e mexe a energia da sua casa está tensa, estranha e você não se sente bem nem em seu próprio lar? Se essas situações lhe parecem familiares, não se assuste. Elas não acontecem só com você! O Poder Extrafísico vai revelar o segredo dos antigos iniciados para acabar com a exaustão mental, blindar sua aura de pessoas nocivas e limpar a energia da sua casa, em um método comprovado, simples e passo a passo.

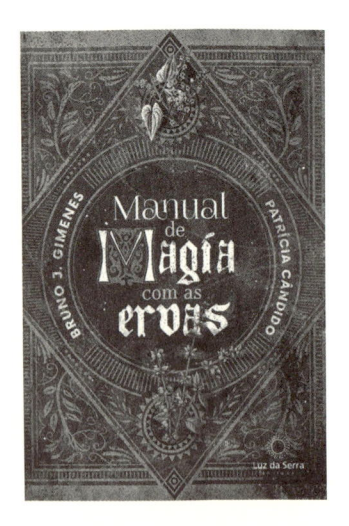

Manual de Magia com as Ervas
Bruno J. Gimenes e Patrícia Cândido

Imagine a liberdade e a alegria em saber exatamente o que fazer para ajudar o seu filho que vive com uma dor aqui, outra ali. Imagine poder enviar energias a distância para alguém que você quer ajudar ou até mesmo saber o que fazer para ativar a sua autoestima e abrir seus caminhos de prosperidade. Você aprenderá a usar benzimentos, mandalas, incensos, chás, sachês, sprays e muitas outras técnicas poderosíssimas para você transformar profundamente a sua vida e a das pessoas ao seu redor.

Grandes Mestres da Humanidade
Patrícia Cândido

É uma busca no passado que traz à tona a herança deixada pelos sábios que atingiram os níveis mais altos de consciência. Talvez a humanidade não perceba que as mensagens de Buda, Krishna, Gandhi, Jesus e outros seres iluminados nunca foram tão necessárias e atuais. Nesta obra, a autora reúne as propostas de evolução que cinquenta grandes almas apresentaram à humanidade.

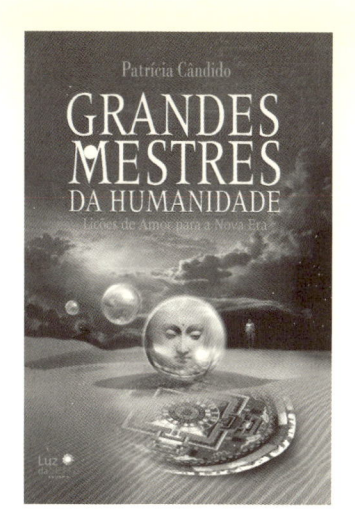

Evolução Espiritual na Prática
Bruno J. Gimenes e Patrícia Cândido

Evolução espiritual é a elevação da consciência humana que na prática significa: aprender a equilibrar as emoções, os sentimentos, os pensamentos para que o amor, o mais elevado dos sentimentos, aflore como consequência. Este livro é um manual prático que proporciona ao leitor condições de acelerar sua evolução espiritual de forma consciente, harmoniosa, inspirando valores para a alma. Com linguagem inovadora, promoverá aprendizados práticos e diretos sobre a espiritualidade e a evolução da consciência.

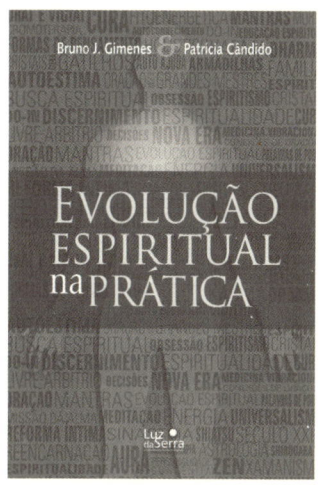

O Caminho do Buscador
Patrícia Cândido

Neste romance recheado de histórias de aventuras e aprendizados espirituais através da orientação de mestres, iogues, gurus e seres iluminados, a autora permeia a espiritualidade do Oriente, que ditou os passos evolutivos da Nova Era em que vivemos. Entre histórias de sacerdotisas indianas, palácios, *mahatmas* e cultura oriental, embarque neste romance e descubra qual é a Trilha do *Bodhisattva*.

Transformação pessoal, crescimento contínuo, aprendizado com equilíbrio e consciência elevada.
Essas palavras fazem sentido para você?

Se você busca a sua evolução espiritual,
acesse os nossos sites e redes sociais:

iniciados.com
www.luzdaserra.com.br
www.luzdaserraeditora.com.br

www.facebook.com/luzdaserraonline
www.facebook.com/editoraluzdaserra

www.instagram.com/luzdaserraeditora

www.youtube.com/Luzdaserra

Luz da Serra
EDITORA

Avenida 15 de Novembro, 785 – Centro
Nova Petrópolis / RS – CEP 95150-000
Fone: (54) 3281-4399 / (54) 99113-7657
E-mail: editora@luzdaserra.com.br